数字经济高素质人才培养教材 / 职业教育 "1+X

U0668501

主 编 毛晶晶 韩丽英
副主编 丁文云 单勤琴

网络营销实务

INTERNET MARKETING PRACTICE

ZHEJIANG UNIVERSITY PRESS
浙江大学出版社
·杭州·

图书在版编目(CIP)数据

网络营销实务 / 毛晶晶,韩丽英主编. —杭州:
浙江大学出版社,2022.11
ISBN 978-7-308-23090-2

Ⅰ.①网… Ⅱ.①毛… ②韩… Ⅲ.①网络营销
Ⅳ.①F713.36

中国版本图书馆 CIP 数据核字(2022)第 176214 号

网络营销实务
WANGLUO YINGXIAO SHIWU

主　编	毛晶晶　韩丽英
副主编	丁文云　单勤琴

策划编辑	阮海潮
责任编辑	阮海潮(1020497465@qq.com)
责任校对	王元新
封面设计	林智广告
出版发行	浙江大学出版社
	(杭州市天目山路 148 号　邮政编码 310007)
	(网址:http://www.zjupress.com)
排　　版	浙江时代出版服务有限公司
印　　刷	杭州良诸印刷有限公司
开　　本	787mm×1092mm　1/16
印　　张	8.25
字　　数	186 千
版 印 次	2022 年 11 月第 1 版　2022 年 11 月第 1 次印刷
书　　号	ISBN 978-7-308-23090-2
定　　价	27.00 元

《网络营销实务》

编委会

前　言

　　本书针对中职电子商务专业学生的学习特点及教学要求编写而成,共分为三篇、七个学习项目。第一篇是网络市场分析,包括三个项目,分别为认识网络营销、网络营销环境分析、网络消费者分析,由韩丽英老师和丁文云老师共同编写;第二篇是网络市场选择,包括两个项目,分别为网络市场调研、网络市场细分与定位,由韩丽英老师和毛晶晶老师共同编写;第三篇是网络营销策略与工具,包括两个项目,分别为网络营销策略和网络营销工具,由毛晶晶老师和单勤琴老师共同编写。

　　本书以培养网络营销应用技能与实施策略为目标,从网络营销案例入手,结合学生特点切入网络营销基础,循序渐进地展现网络营销思维架构全貌,从推广工具和营销策略两个层面介绍网络营销应用,继而使得学生在技能准备的基础上提升到企业网络营销策划实施高度,并通过相关实训任务完成网络营销实战过程,形成面向企业的系统性网络营销管理思维。

　　本书由义乌市城镇职业技术学校与义乌工商职业技术学院的老师共同编写,在理论够用的前提下增加了大量实际应用案例,有助于学生更直观地理解相关技能,并在每个项目中增加了许多实训小任务,让学生在学习理论的基础上提高实践技能。本书在编写过程中得到了义乌市城镇职业技术学校金益民、赵菲菲、叶秀进、季莉莉、楼晨燕、鲍江良等老师的支持与帮助,在此表示感谢。因编者水平有限,不当之处敬请批评指正。

主　编

目　录

第一篇　网络市场分析

第二篇　网络市场选择

第三篇 网络营销策略与工具

网络市场分析

项目一 认识网络营销

【学习目标】

1.了解网络营销的产生和发展趋势；
2.熟练掌握网络营销的含义、特点和功能；
3.理解传统营销和网络营销的区别；
4.熟悉网络营销的基本理论；
5.掌握网络营销与传统营销的关系。

【引导案例】

网络时代的营销创新

2018年5月3日,小米公司向港交所提交IPO招股书,当天,雷军写下公开信《小米是谁,小米为什么而奋斗》。这一天,无论是各大网络媒体(如新浪、搜狐、凤凰、腾讯等),还是传统媒体(如各大电视台和报纸等),都竞相报道小米上市消息。毫无疑问,小米在网络营销方面又赢了。相反,小米公司的部分竞争对手可能又急了。

为什么说小米IPO上市也是网络营销活动呢? 网络营销是借助网络做营销,营造一种适宜的网络氛围和营造一个良好的形象,把客户的心圈住,将销售对象销售出去。同时,也把小米的盈利模式、小米的竞争优势、小米的与众不同等,在世人面前展示得淋漓尽致。先不说随后的敲钟,仅5月3日小米公司向港交所提交IPO招股书已经引爆了各大网络媒体和传统媒体,它们都在免费给小米公司做推广。5月5日,笔者打开百度一搜"小米上市",结果有8860万条相关信息,尽是国内各大网络媒体的免费报道或转载。这种报道效果,如果让小米公司付费得掏多少广告费呀? 但这样好的广告效果,小米却一分钱广告费也没有掏。这,是不是又是小米营销的成功之举呢?

(资料来源:http://www.hongjier.cn/wangluoyingxiao_208.html)

任务一 走进网络营销

一、网络营销的概念

网络营销是一种新型的营销模式,是以现代营销理论为基础,借助网络、通信和数字媒体技术实现营销目标的商务活动,是科技进步、顾客价值变革、市场竞争等综合因素促成的,也是信息化社会的必然产物。

网络营销,又称为互联网营销、网上营销,是指企业为适应和满足消费者的需求,以互联网为基础,利用数字化的信息和网络媒体的交互性来创造、沟通与传递顾客价值,建立、维持、巩固顾客与企业的关系,实现营销目的的一系列管理活动。

为了更好地认识网络营销,需要注意区别以下几点。

(一)网络营销不能脱离传统的市场营销环境而孤立存在

网络营销就其实质是指利用网络这一手段,最大限度地满足消费者的需求,来达到开拓市场、增加盈利的经营过程。这实际上就是一个营造良好的网上经营环境的过程。在企业营销实践中,往往是传统营销和网络营销并存。

(二)网络营销不等于网上销售

网络营销是为实现产品销售目的而进行的一项基本活动,但网络营销本身并不等于网上销售。这与传统营销一样,营销和销售是两个既相联系又相区别的概念,销售是营销的结果,营销服务于销售,销售更多的是一种操作过程,是营销的实现;而营销则是一种艺术过程,一种吸引顾客注意力的艺术。

(三)网络营销不等于电子商务

可以说,网络营销是电子商务的基础,开展电子商务离不开网络营销,但网络营销并不等于电子商务。电子商务与网络营销的主要分界线就在于是否有交易行为的发生。

(四)网络营销不是"虚拟营销"

网络营销不是独立于现实世界的"虚拟营销",它是传统营销的一种扩展,即向互联网的延伸,所有的网络营销活动都是实实在在的。

(五)网络营销是手段而不是目的

网络营销具有明确的目的和手段,但其本身不是目的,而是营造网上经营环境的过程,是凭借网络媒介综合利用各种营销方法工具并协调其间的相互关系,从而更加有效地实现企业营销目的的手段。

二、网络营销的特点

(一)跨时空性

市场营销的最终目标是通过满足顾客的需求获得更高的市场份额。以往的任何一种营销理念和营销方式,都是在一定的范围内去寻找目标顾客。由于互联网具有超越时空限制进行信息交流的特点,使得时间和地域对于网络营销不再是限制。所以,网络营销超越时空限制,在全球范围内去寻找目标顾客,使得企业跨时空的交易成为可能。

(二)交互性

企业可以通过互联网进行商品展示,提供有关商品信息的查询,实现与顾客的双向互动式沟通,收集市场情报,进行产品测试,开展消费者满意度调查等,因此互联网成了企业进行产品设计、市场推广及提供服务的最佳工具。

(三)个性化

互联网更便于收集每位顾客的详细信息,从而更能发现、满足其个性化的需求,通过信息提供与交互式沟通,可以实现一对一的定制服务。同时,利用网络开展的产品推广具有一对一、理性、消费者主导、非强迫性和循序渐进式的特点,这种低成本与人性化的促销方式更容易与消费者建立起一种长期的、相互信任的良好合作关系。

(四)多媒体性

互联网可以传输文本、图形、图像、动画、视频和音频等形式的信息,从而使企业开展营销活动所进行的信息传递和交换形式多样、内容丰富且多样化,能够更好地吸引顾客,实现最佳的营销效果。

(五)整合性

网络改变了商家和顾客之间的关系,迫使传统的营销模式发生变化。网络营销开展的过程是企业对多种资源、多种营销手段和营销方法的有效整合与运用过程,是对各种有形资产和无形资产的交叉运作和交叉延伸。这种整合性体现在协调地使用各种资源,以统一的目标和统一的形象传递一致的产品信息,实现与消费者的双向沟通,树立产品品牌在消费者心目中的地位,使产品品牌与消费者建立长期密切的关系,更有效地实现营销目标。

(六)经济性

网络营销的经济性是网络营销的重要特点,这种经济性表现在以下几方面:
①可以降低经营成本,节约销售费用。由于网络营销可以实现买家和卖家之间的最短路径连接和最快速度成交,因此将极大地降低销售成本。②可以节省运输费用。

网络营销可以进行产品的远程调度和远程运输,可以进行空车配货的近程最佳调度。③可以降低产品购进价格。无论是网上买卖、网上采购还是网上拍卖,都具有比传统营销价格低廉的优势,还可以进行同质比价和集体议价,这必将降低进货成本,节约资金。④可以加快产品流转速度。网络营销可以减少产品在库期,可以减少在途运输时间,提高运转效率,减少资金占压,而且通过电子交易,资金可以快速到账,对加速资金周转是大有好处的。

任务二　网络营销理论

一、网络直复营销理论

美国直复营销协会(ADMA)的营销专家将直复营销定义为:为了在任何地点产生可以度量的反应或达成交易而使用一种或多种广告媒体互相作用的市场营销体系。网络直复营销是个性化需求的产物,是传播个性化产品和服务的最佳渠道。

互联网作为一种交互式可以双向沟通的渠道和媒体,它为企业和顾客之间建立起了便于沟通的桥梁,为商品信息的双向流动提供了便利条件。顾客可以通过互联网浏览商品、订货、付款等,而企业可以通过互联网宣传商品、进行促销、接收订单等,进而安排生产,最终将商品送达顾客,完成交易活动。

网络营销是企业整体营销战略的一个组成部分,以互联网为媒介,以新的方式、方法和理念实施营销活动,更有效地满足顾客的需求和欲望,从而实现企业营销目标的一种手段。互联网在不断发展,它将是非常重要的直复营销媒体,并对传统的营销媒体产生巨大的冲击。基于互联网的直复营销具有以下特性。

(一)信息双向流动,不受时间、地域的限制

网络直复营销活动强调在任何地点和时间,顾客与企业之间可以进行信息的双向交流。企业通过互联网可以24小时提供网上信息发布及咨询服务,顾客可以根据自己的实际情况,选择合适的时间在互联网上选取感兴趣的商品。互联网的全球性,使企业和顾客可以突破地域的限制,实现跨区域交易。而传统的销售方式,具有较强的时间和地域限制。网络直复营销的不断发展,能够根据不同的顾客需求销售产品,更深层次地满足顾客的个性化需求。

(二)营销数据精确,信息透明度相对较高

网络直复营销可以精确掌握营销数据。通过网络技术和数据库技术,企业和顾客之间所有的交互数据都可以进行保存,而且这些数据十分精准,企业对这些数据进行有效分析,可以清楚地了解经营策略成功与否,进而有利于企业制定和调整营销策略。例如,可以通过产品的搜索量了解消费者对相关产品感兴趣的程度,有利于企业选择目标

市场;根据产品在不同地区的销售量了解各地区的需求差异,有利于企业进行市场细分;根据用户入口数据分析出企业搜索引擎推广的效果,有利于企业选择合适的搜索引擎进行广告宣传等。传统的营销方式取得这些数据相对较难。线下购买商品,很难了解顾客对相关产品的评价,而通过互联网购买商品,可以及时了解产品的销量及顾客的使用感受等,信息透明度比传统营销方式高,为企业做出经营决策提供重要依据。

(三)极大地降低了企业经营成本

企业通过互联网直接与顾客接触,降低了实体店铺的运营成本等。由于信息渠道的扁平化,企业可将产品库存压缩到最低,有利于实现零库存生产。目前常用的搜索引擎推广、网络广告推广和社区营销等方式比传统的促销方式成本低得多,而且效果更好。

(四)可以提供一对一的服务,满足顾客个性化需求

企业通过互联网与每位顾客进行沟通,能够及时了解不同顾客的需求差异,进而最大限度地满足其需求。顾客可以随时通过互联网提出购买需求和反映使用后感受,使企业第一时间了解产品满足顾客需求的程度,并从中找出不足,作为今后努力的方向,从而有利于企业改进产品和服务质量,也能更充分地满足顾客的个性化需求。

由此可见,网络直复营销演变成了一种全新的、颠覆性的营销模式。对于广大企业而言,在互联网快速发展的时代,将面临巨大的机遇与挑战。

二、网络软营销理论

软营销理论是针对工业经济时代以大规模生产为主要特征的强势营销提出的新理论。软营销理论强调企业进行市场营销活动的同时必须尊重消费者的感受和体验,使消费者能主动接受企业的营销活动。网络营销是一种软营销,在互联网高度发展的今天,网络软营销被广泛应用于营销领域。

(一)网络软营销与强势营销的区别

强势营销主要通过传统广告和人员推销这两种促销方式来开展营销活动。这两种方式都试图以信息灌输的方式在顾客的心中留下深刻印象,没有考虑顾客是否需要这种商品,是否愿意接受这些信息,只是根据营销人员的职业判断,强行开展促销活动,忽略了顾客本身的需求。顾客对这种强行的宣传方式常常会用"不断轰炸"这个词来形容,虽然在一定程度上达到了促进销售的目的,但是目标顾客对此很反感,进而产生抵触情绪。

在互联网上,信息的交流是平等、自由、开放和交互的,注重的是企业和顾客的相互尊重和沟通,而且网络顾客非常关注个人体验和隐私保护,若采用传统的强势营销手段在互联网上开展营销活动会适得其反,很难达到预期的营销目标。例如,美国在线服务公司(AOL)曾经对其用户强行发送邮件广告,结果招致用户的一致反对,许多用户约定同时给 AOL 发送邮件进行报复,结果使得 AOL 的邮件服务器处于瘫痪状态,最后不得不道歉来平息众怒。在互联网上,这种企业强势的主动营销无论是否具有直接的销售

目的,都有可能会遭到顾客的强烈抵制。网络软营销恰好是从消费者的体验和需求出发,采取拉式策略吸引消费者关注企业来达到营销效果。

软营销和强势营销的一个根本区别在于软营销的主动方是消费者,而强势营销的主动方是企业。个性化的消费需求使顾客在心理上要求自己成为主动方,而互联网的这种交互模式可以使这种需求变成现实。顾客会根据自己的需要主动地寻求自己所需要的商品,主动地搜集和了解相关信息。这种方式能够充分满足顾客在购物过程中占主导地位的心理需求。企业通过互联网针对顾客的问题进行一对一的咨询服务,使顾客变成了真正意义上的"上帝"。

(二)网络软营销与强势营销的联系

虽然网络软营销和传统的强势营销存在着重大的差别,但两者并不是完全对立的,巧妙地将其结合起来通常会收到意想不到的效果。现在许多企业搞活动都是实体的强势营销和网络软营销的有机结合。如某木门生产企业在五一假期推出的强势营销策略,各种宣传铺天盖地,让消费者目不暇接,与此同时又在微信上开展了二维码扫描"助力"活动,在微信里对其企业进行了全面的介绍和宣传,并在其网站上介绍了很多家装知识,适合不同顾客的需求,让顾客在装修时少走了许多弯路,这样做起到了非常好的营销效果。因此,与传统做法相比,这种整合的运作方式在时效上、效果上都优化了许多,同时也会更经济。目前,我国众多企业都采取了传统强势营销和网络软营销相结合的方式开展营销活动,且取得了显著成效。随着互联网的不断发展和成熟,网络软营销会扮演越来越重要的角色。

(三)网络软营销的两个重要概念

1. 网络社区

网络社区是指那些具有相同兴趣和爱好,经常相互交流和互利互惠,能给每个成员以安全感和身份意识等特征的互联网上的单位或个人所组成的团体。在互联网上,人们利用论坛、新闻组、群组、贴吧等网络工具,就共同感兴趣的问题进行探讨,形成了如计算机网络开发者、游戏爱好者、园林爱好者、摄影爱好者等社区。需要指出的是,网络社区是用户自己创建的,而不是网络本身创建的,网络只是提供了创建网络社区的工具和场所。网络服务运营商会对他们服务范围内的社区进行维护,由专职的工作人员和志愿者等组织讨论,安排文章发布,阻止出现不合乎网络礼仪的商业性广告。网络社区是一个互利互惠的组织,在网络社区里的人可以得到帮助,并能帮助他人,而且社区里的人可以隐藏自己的真实身份来保护个人隐私,在这里大家能够进行平等的交流。目前已经有很多企业利用这种普遍存在的网络社区,使之成为企业经济利益来源之一。

2. 网络礼仪

网络礼仪是互联网自诞生以来逐步形成与不断完善的一套良好、不成文的网络行为规范,如不使用 BBS 张贴私人的电子邮件、不进行喧哗的销售活动、不在网上随意传递带有欺骗性质的邮件等。网络礼仪是网上一切行为都必须遵守的准则。网络营销人员应遵守网络礼仪,树立网络礼仪意识,不随意散播和发布营销信息,避免给网络顾客带来不必要的麻烦。网络营销人员应致力于静候顾客的访问,以便顾客在网上搜寻产品的相关信息时,能够为他们提供方便、快捷、高效的服务,让顾客在最短的时间内获得他们所需要的信息。

三、网络整合营销理论

整合营销是传统的市场营销理论为适应网络营销的发展而逐步转化形成的。网络营销的主要作用在于使顾客在整个营销活动过程中的地位得到提升。在互联网上,顾客能够真正参与整个营销活动过程,而且具有很强的主动性,顾客的自主选择得到了充分体现。由于互联网具有信息丰富的特征,可供顾客在网上选择的商品种类丰富,在满足顾客个性化需求的驱动下,企业在努力探索和寻求一种新的营销思想以迎合广大顾客的需求。为此,企业应以顾客为中心,为顾客提供全方位的服务,最大限度地满足顾客的需求。互联网作为跨时空传输的"超导体"媒体,可以为顾客在任何地点提供及时的服务,同时通过互联网的交互性可以了解顾客需求并提供针对性的响应,因此互联网是消费者时代中最具魅力的营销工具。目前,许多企业已经将其传统营销与互联网营销进行整合,推出了线上、线下共同为客户服务的营销模式,最大限度地满足了顾客的个性化需求,也促进了企业不断改变自身的经营销售模式,不断提高产品品质,以此来面对激烈的市场竞争。

(一)网络整合营销的内涵

网络整合营销主要包括三个方面:第一,企业传播信息的统一性,也就是企业向消费者传递的信息都是统一的,能够使消费者对企业的认知统一,不会出现认知混乱的局面。第二,企业与顾客之间的沟通具有互动性,也就是企业通过与顾客之间的交流,能迅速、准确地获得消费者的需求信息,并能及时向消费者提供反馈信息。第三,网络整合营销具有很强的目标性,也就是企业的所有营销活动都应以企业的目标为基础,寻找真正的目标顾客,针对目标顾客的需求开展全方位的营销活动,实现全程营销。

(二)网络整合营销的特点

网络销售首先要把顾客整合到整个营销过程中来,以顾客需求为起点,开展营销活动。网络营销要求企业与顾客更紧密地结合在一起,把企业利益和顾客利益整合到一起。利用互联网可以使传统的 4P 营销组合与以顾客为中心的 4C 营销组合相结合,实现企业的营销目标。4P 即产品(Product)、价格(Price)、促销(Promotion)、渠道(Place),这是以企业为导向的,一切都从企业的角度出发。4C 即消费者(Consumer)、成本(Cost)、便利(Convenience)和沟通(Communication),这是从顾客的角度出发的,以顾客为中心的营销理论。网络整合营销就是将传统的以企业为中心的营销方式,与以顾客为中心的营销方式相结合,最终实现企业的营销目标。网络营销组合具有以下特点。

1. 以顾客为中心的产品和服务

互联网具有很好的互动性和引导性,顾客在企业的引导下对产品或服务进行选择或提出具体要求,企业可以根据顾客的选择和要求及时组织生产,并提供及时服务,使得顾客的产品和服务需求得到跨时空的满足。企业可以通过网络主动了解顾客需求,并根据顾客要求及时组织生产和销售,提高企业的生产效率和营销效益,与此同时也要提供全方位的服务,让消费者没有后顾之忧。如中国的欧派、金牌等橱柜企业,已经开展了线上、线下整合营销,顾客通过互联网了解商品后,当地的经销商可以派服务人员为其免费测量和设计,最终线上销售产品,厂家会指定人员为顾客进行售后服务,使消费者的利益得到最大限度的保障。随着互联网技术的不断成熟,网络营销模式也会得到逐步完善,这种线上、线下的整合营销能够最大限度满足顾客对产品和服务的多样化需求。

2. 以顾客能接受的成本定价

以生产成本为基准的定价,是以顾客为中心的营销体系中必须摒弃的。新型的定价策略应是以顾客能接受的成本来定价,并依据该成本来研发、生产产品,并进行销售。企业以顾客为中心定价,必须测定市场中顾客的需求以及对价格认同的标准,否则就无法实现以顾客能接受的成本来定价。顾客可以通过互联网提出自己能够接受的成本,企业以顾客的成本为依据提供柔性的产品设计和生产方案供用户选择,直到顾客认同并确认后再组织生产和销售,所有这一切都是顾客和企业借助互联网完成的。企业直接与顾客接触省去了许多中间环节,因此成本也相对低廉,可以实现低成本生产和销售。如通用汽车公司在美国允许顾客在互联网上通过公司的有关导引系统自己设计和组装满足自己需要的汽车。顾客首先确定能接受价格的标准,然后系统根据价格的限定从中显示满足要求的汽车。顾客还可以进行适当的修改,公司最终生产的产品恰好能满足顾客对价格和性能的要求。

3. 以方便顾客为主的分销渠道

网络销售是一对一的分销渠道,是跨时空进行商品销售的,顾客可以随时随地利用互联网订购商品。互联网为消费者提供了随时随地选购商品的平台,减少了许多传统交易过程中的中间环节。例如,法国钢铁制造商犹齐诺—洛林公司因为采用了电子邮件和世界范围的订货系统,把加工时间缩短到 24 小时。目前,该公司正在使用互联网以提供比对手更好、更快的服务,并通过内部网与汽车制造商建立联系,从而能在对方提出需求后及时把钢材送到对方的生产线上。

4. 以顾客主动参与的营销模式

传统的促销是以企业为主体,通过一定的媒体或工具对顾客进行压迫式销售活动,以此加强顾客对企业和产品的接受度和忠诚度,是顾客被动接受企业的营销模式。这种营销模式下,企业缺乏与顾客的沟通和联系,而且促销成本很高,虽然起到了一定的促销效果,但是无法建立顾客长久的品牌忠诚度。通过互联网一对一、交互式的营销活动,顾客可以主动参与到企业的营销活动中来,能加强企业与顾客的沟通和联系,方便企业了解顾客需求,也更易引起顾客的认同。如雅虎公司开发的一个能在互联网上对信息进行分类检索的工具,由于该工具具有很强的交互性,用户可以将自己认为重要的分类信息提供给雅虎公司,雅虎公司马上将此分类信息加入该工具中供其他用户使用,因此不用做宣传该工具就广为人知,并且在短短两年之内公司的股票市场价值达几十亿美元,增长几百倍之多。

网络营销的价值体现——4R 和 4V 营销理论

● 4R 营销理论。4R 营销理论是由美国整合营销传播理论的鼻祖唐·舒尔茨在 4C 营销理论的基础上提出的新营销理论。4R 分别指关联(Relevance)、反应(Reaction)、关系(Relationship)、回报(Reward)。4R 营销理论认为,随着市场的发展,企业需要从更高层次上以更有效的方式在企业与顾客之间建立起有别于传统的新型的主动性关系。关联是指将企业与顾客看成一个命运共同体,企业与顾客之间建立长期关系是企业经营的核心理念和最重要的内容。反应是指在相互影响的市场中,如何站在顾客的角度及时地倾听顾客的需求,建成快速回应顾客需求的商业模式。关系是指在企业与客户的关系发生了本质性变化的市场环境中,抢占市场的关键已转变为与顾客建立长期而稳固的关系,即与顾客建立长期友好的合作关系,使顾客主动参与到生产过程中,企业与顾客和谐发展。回报是指任何交易与合作关系的巩固和发展,都是经济利益问题。因此,一定的合理回报既是正确处理营销活动中各种矛盾的出发点,也是营销的落脚点。

● 4V 营销理论。随着高科技产业的迅速崛起,高科技企业、高技术产品与服务不断涌现,互联网、移动通信工具、发达的交通工具和先进的信息技术使整个世界面貌焕然一新。沟通渠道的多元化使原来那种企业和消费者之间信息不对称状态得到改善,许多跨国企业开始在全球范围进行资源整合,4V 营销理论应运而生。4V 营销理论是指同时运用差异化(Variation)、功能化(Versatility)、附加价值(Value)、共鸣(Vibration)的营销理论。4V 营销理论主张企业要实施差异化营销策略,使自己与竞争对手区别开来,树立自己的独特形象,与此同时使消费者相互区别,满足消费者个性化的需求。4V 营销理论要求产品或服务有更大的柔性,能够针对消费者具体需求进行组合。4V 营销理论更加重视产品或服务中的无形要素,通过品牌、文化等满足消费者的情感需求。

(资料来源:http://www.tuicool.com/articles/qAfQBr.)

任务三 网络营销与传统营销对比

一、网络营销对传统营销的冲击

网络营销作为一种新型营销模式,具有虚拟性、互动性、便利性、服务性、低成本性等特点,对传统营销构成了一定的冲击,具体表现如下。

(一)网络营销对传统营销策略的冲击

传统营销策略下企业与顾客建立并维持关系主要依赖层层严密的渠道,在市场上投入大量的人力、物力和财力。在网络时代,人员推销、市场调查、广告促销、经销代理等传统营销手段与网络结合,并充分运用互联网上的各种资源,形成以最低成本投入,获得最大市场销售量的新型营销模式。

1. 对标准化产品的冲击

作为一种新型媒体,互联网为企业在全球范围内开展市场调研提供了便利条件。利用互联网企业可以迅速获得关于产品概念和广告效果测试的反馈信息,可以测试不同顾客的认同水平,从而更加容易地对消费者行为方式和偏好进行跟踪。

著名的戴尔公司利用网络开展的计算机设备直销,事先并不规定统一的内在配置,客户可以按照自己的需求提出设备的配置方案和要求,公司再根据客户的需求进行生产,然后卖给相应的客户。这种定制化方式的驱动力来自最终消费者。互联网的新型沟通能力又将进一步加速这种趋势的发展。因此,如何更有效地满足各种个性化的需求,是每个企业开展网络营销面临的挑战。

2. 对品牌全球化管理的冲击

同现实企业的单一品牌与多品牌的决策一样,对于一个开展网络营销的企业来说,一个主要的挑战是如何对全球品牌和共同的名称或标志标识进行管理。在实际执行时,对企业的品牌管理采取不同的方法会产生不同的情况。例如,只有一个品牌的企业可以允许它的地方性机构根据需要发展自己有本地特色的区域品牌,这些品牌会有明显不同的市场形象。当多个有本地特色的区域品牌分别以不同的格式、形象、信息和内容进行沟通时,虽然给消费者带来了某种程度的便利,但也会引起他们的困惑。

另一方面,如果企业为所有品牌设置统一的品牌形象,虽然可以利用知名品牌的信用带动相关产品的销售,但也有可能由于某一个区域品牌的失利而导致企业全局受损。

因此,开展网络营销的企业是实行具有统一形象的单一品牌策略还是实行有本地特色的多种区域品牌策略,以及如何加强对区域品牌的管理是企业面临的现实问题。

3. 对传统定价策略的冲击

如果企业某种产品的价格标准不统一或经常改变,顾客将会通过互联网认识到这种价格的差异,并可能因此而对企业产生不满。所以相对于目前的各种传统媒体来说,互联网先进的网络浏览功能会使变化不定的且存在差异的价格水平趋于一致。这将对有分销商分布在海外并在各地采取不同价格的企业产生巨大冲击。例如,如果一个企业对某地的顾客提供20%的价格折扣,那么在世界各地的互联网用户都会了解到这项交易,从而可能会影响到那些通过分销商或本来并不需要折扣的业务。另外,通过互联网搜索特定产品的代理商也将了解到这种价格差别,从而加剧了企业采取价格歧视策略的不利影响。

总之,上述这些因素都表明互联网将导致国际价格水平标准化,至少缩小国与国之间的价格差别。这对于执行差别化定价策略的企业来说确实是一个严重的问题。

4. 对传统营销渠道的冲击

在网络环境下,生产商可以通过互联网与最终用户直接联系,因此,中间商的重要性将有所降低。这种情况会造成以下两种后果。

第一,由跨国公司建立的传统的国际分销网络对其他小竞争者或新的进入者造成的进入障碍将明显降低。

第二,对于目前直接通过互联网进行产品销售的生产商来说,其售后服务工作是由各分销商承担的,但随着他们代理销售利润的消失,分销商将很有可能不再承担这些工作。所以在不破坏现存营销渠道的情况下,如何提供这些售后服务将是网上销售公司不得不面对的又一问题。

5. 对传统广告的冲击

企业开展网络营销时,将主要通过互联网发布广告进行产品的市场推广,对传统广告产生一定的冲击。首先,相对于传统媒体来说,由于网络空间具有无限扩展性,因此在网络上做广告可以较少地受到空间、篇幅的局限,可以尽可能详尽地介绍必要的信息。其次,网络广告可以迅速提高广告效率,譬如企业可以根据其注册用户的购买行为很快地改变向访问者发送的广告;也可根据访问者的特性如硬件平台、域名或访问时的搜索主题等方面有选择地显示其广告。

(二)对传统营销方式的冲击

随着网络技术迅速向宽带化、智能化、个人化方向发展,用户可以在更广阔的领域方便地实现声音、图像、动画和文字一体化的多维信息共享和人机互动功能。正是这种发展将使传统营销方式发生革命性变化,其结果将可能导致大众市场的逐步终结,并逐步体现市场的个性化,最终将会以每一个用户的需求来组织生产和销售。

1. 重新营造顾客关系

在网络环境下,企业建立并保持与顾客的关系的手段和方式将更具有多样性和灵活性,企业正确把握分布在全球各地顾客的特性,并与之保持紧密的关系,通过对顾客的教育和对本企业形象的塑造,建立顾客偏好、信任与忠诚等都是网络营销成功的关键。基于网络时代的目标市场、顾客形态、产品种类与以前传统的一切会有很大的差异,跨越地域、文化和时空的差距,重新营造企业与顾客的关系,将需要更多的营销创新。

2. 对营销战略的影响

互联网所具有的平等性、自由性和开放性等特征,使得网络时代企业的市场竞争是透明的,人人都能掌握竞争对手的产品信息与营销行为。因此,胜负的关键在于如何适时地获取、分析、运用这些在网络上获得的信息,来研究并采用具有优势的竞争策略。这一点更有利于小企业在全球范围内参与竞争,网络营销将降低传统环境下跨国公司所拥有的规模经济的竞争优势。

在网络环境下,企业间的战略联盟是网络时代的主要竞争形态,运用网络来组成企业的合作联盟,并以联盟所形成的资源规模创造竞争优势,将是网络时代企业经营的重要手段。

3.对跨国经营的影响

在过去分工经营时期,企业只需专注于本行业和本地区的市场,而将其在国外的市场委托给代理商或贸易商去经营。但互联网所具有的跨越时空联系全球功能,使得进行全球营销的成本低于地区营销,因此企业将不得不进入跨国经营的时代。网络时代的企业,不但要熟悉不同国度的市场顾客的特性以争取他们的信任,并满足他们的需求,还要安排跨国生产、运输与售后服务等工作,这些跨国业务都是经由网络来联系与执行的。

可见,尽管互联网为现存的跨国公司(或它们的消费者)提供了许多便利,但对于企业经营的冲击和挑战也是令人生畏的。任何渴望利用互联网进行跨国经营的企业,都必须为其经营选择一种恰当的商业模式,并要明确这种新型媒体所传播的信息和进行的交易将会对其现存模式产生什么样的影响。

4.企业组织的重整

互联网的发展带动了企业内部网的蓬勃发展,使企业的内外沟通与经营管理均需要依赖网络作为主要的渠道与信息源。其给企业带来的影响包括业务人员与直销人员减少,组织层次减少,经销代理与分店门市数量减少,营销渠道缩短,以及虚拟经销商、虚拟门市、虚拟部门等企业内外部的虚拟组织盛行。这些影响与变化,都将促使企业对组织再造工程的需要变得更加迫切。

企业内部网的兴起改变了企业内部的作业方式以及员工学习成长的方式,个人工作者的独立性与专业性将进一步提升。因此,个人工作室、在家上班、弹性上班、委托外包、分享业务资源等行为,在未来将会十分普遍,也使企业组织重整成为必要。上述情况迫使企业为适应网络环境必须对组织结构进行调整,这是对将全球业务转换到互联网上的公司提出的组织性挑战,下面这两个组织是必需的。

公司必须成立一个由经理人员组成的处理全球业务的部门来对相互联系的各分销网络进行统一协调,及时跟踪全球的发展动态。

由于互联网用户对企业营销策略贯彻执行的时效性和响应效率有较高的预期,所以企业必须成立一个特别的顾客服务部来处理客户信息。例如,如果主页给访问者提供了一个顾客信息反馈模块或将问题发送给企业的路径,那么就要求负责顾客服务的销售代表必须迅速地回答顾客反馈的问题和分析顾客的电子邮件在内容、语调和来历方面的变化,同时跟踪顾客访问的地址,并对交易资料进行分析。

二、网络营销与传统营销的整合

(一)网络营销不可能完全取代传统营销

在现代市场营销中,网络营销和传统营销各有侧重,两者的整合是实现营销目标的关键。网络营销作为一种新的营销模式,与传统营销相比有许多优势,但不能完全取代传统营销,这是基于以下几个原因。

第一,到目前为止,依托互联网的电子商务市场仅仅是整个商品市场的一部分,电子商务市场的交易额只占整个市场交易额的一部分。

第二,网络市场所覆盖的消费群体只是整个市场中的一部分,许多群体由于种种原因还不能或不愿意参与网上交易,如老年人、农村地区的消费者等。

第三,许多消费者因个人生活方式、兴趣、偏好等原因,不愿意接受网上交易方式,例如许多消费者习惯于在传统的商场里边购物边休闲的购物方式。

第四,营销活动的对象是有灵性和感情的人,互联网作为一种沟通工具,难以具备传统营销方式中以人为本的营销策略所具有的独特的亲和力。借助互联网虽然可以使企业与顾客有条件直接进行交流,但这个过程中缺少人们交流中的肢体语言,在一定程度上制约了企业与顾客间的情感交流。

(二)网络营销的 4C 营销组合策略

4C 营销理论由美国营销专家劳特朋教授于 1990 年提出,它以消费者需求为导向,重新设定了市场营销组合的 4 个基本要素:消费者、成本、便利和沟通。随着网络技术的发展和互联网的普及,4C 营销组合策略在网络营销中会得到更有效的利用。

传统营销与网络营销是现代市场营销的两个有机组成部分,两者缺一不可,必须有效整合才能使其发挥最大的功效,满足消费者的个性化需求,实现企业的营销战略和目标。

1. 产品策略整合

产品和服务要更加注重对消费者个性化需求的满足。企业通过市场调研了解消费者的需求和欲望,设计出符合消费者需求的产品,借助传统营销模式,满足一般消费者的需要,借助网络平台,满足更大区域内的网络消费者的个性化需求。网络营销的实施,不仅为企业提供了一种全新的营销模式,也为企业提供了新的开拓市场的工具。

2. 价格策略整合

价格的高低不仅影响企业的收入和利润,同时也影响着消费者的需求和支付成本。在定价时,企业不仅要考虑生产成本和目标利润,还要借助网络平台了解目标市场的支付能力和意愿,平衡企业和消费者双方的利益,从而提高定价的有效性和可行性。

3. 渠道策略整合

不同的消费者有不同的渠道偏好和选择,同一消费者在不同时间和条件下也会选择不同的渠道。企业若采用单一渠道模式,无异于放弃更大的市场份额和市场拓展空间。企业要通过传统渠道和网上销售渠道的有效整合,以更有效、更便利的方式满足消费者需求,从而提高营销效益和业绩。

4. 促销策略整合

促销的本质是沟通,线下交流与线上交流各有目标和优势。是否有效利用两种不同的方式进行沟通,是否充分了解消费者的意愿和真正关心的利益点是决定促销策略成败的关键。

总之,网络营销与传统营销是相互促进和补充的,企业在开展营销时应根据企业的经营目标和细分市场,整合网络营销和传统营销策略,以最低的成本达到最佳的营销目标。网络营销与传统营销的整合,就是利用整合营销策略实现以消费者为中心的双向沟通,实现企业的营销目标。

实训小任务

1. 现在是开学季,新生都需要手机。请你针对某品牌手机,写出手机的 10 种网络和线下营销方法。

2. 浏览以下知名人才网。

◇智联招聘:Zhaopin.com

◇前程无忧:51job.com

◇新华英才网:chinahr.com

◇义乌人才网:http://www.ywrc.com.cn/

(1)在这些人才网站上通过公司搜索和职位搜索分别搜索以下关键字:网络营销、电子商务、网络推广、网站运营、网络贸易、网络销售。

(2)综合通过上述关键字搜索出来的人才招聘信息,请将排名靠前的三条信息填入人才需求信息表(表 1-1)。

表 1-1　人才需求信息示例

编号	需求企业名称	企业主营业务	公司地址	需求岗位名称	岗位职责	岗位能力
1	义乌市淘达网络科技有限公司	石油化工	浙江金华	网络市场推广	1. 负责日常业务中订单的缮制、审核、管理、归档、统计等工作; 2. 为客户提供业务咨询、结算等方面的服务; 3. 有基本的数据分析能力; 4. 上级交办的其他工作。	1. 大专及以上学历,专业不限,20~28 岁,形象气质佳,普通话标准; 2. 1 年以上物流订单处理工作经验; 3. 具有良好的沟通协调能力及客户服务意识,较好的自我学习能力及团队合作意识; 4. 思路清晰,责任心强。

(3)对表 1-1 中的资料进行整理,分析以下两个问题:

①网络营销人才需求的主要岗位分布、岗位职责和岗位要求;

②网络营销人才需求的地域分布和行业分布情况。

实训要求:以 Excel 表格收集整理 12 条信息,并在表格最后分析问题。独立完成任务。

项目二　网络营销环境分析

【学习目标】

1. 了解网络营销环境的定义及内容；
2. 熟悉网络营销的宏观环境和微观环境；
3. 了解影响我国网络营销发展的环境因素。

【引导案例】

淘品牌应对营销环境变化之战

淘品牌是指借助淘宝平台成长起来的一些大卖家品牌。淘宝作为网络原创品牌的孵化平台，大力扶持实力弱小但原创性极高的淘品牌，并通过不断向其导流等手段使其快速成长。

淘品牌是淘宝在特定发展阶段的产物。在完成向品牌的升级之后，淘品牌就在持续发展上遇到了瓶颈。从淘宝引流来看，其已经度过了向淘品牌倾斜的时期，导致淘品牌获取流量的成本不断提高。淘品牌虽然已经成长为网络名牌，但根基仍然较弱，只能依附淘宝等平台生存与发展。

随着传统品牌的不断触网，淘宝开始冷落淘品牌。这个时间节点就是在淘宝商城正式更名为天猫之后。当时大量的传统品牌强势涌入天猫，这些传统品牌的实力和带来的销量远远超出淘品牌，天猫将流量、营销等资源不断向入驻的传统品牌倾斜，而淘品牌则被迫改名为天猫原创。在与传统品牌、淘宝、天猫的博弈中，大量淘品牌被淘汰出局。

为了存活下来，许多淘品牌开始了自我"进化"。首先是淘品牌之间的收购、合并，如韩都衣舍在 2015 年春节前后收购了四家淘品牌。其次是尝试探索线下开设实体店模式，如茵曼公布了自己的"千城万店"计划，截至 2019 年 1 月，共签约加盟商 511 家。

网络营销环境是指对企业的网络营销活动产生影响的各种外部条件，即与企业网络营销活动有关联的各种因素需要考虑。网络营销环境是企业网络营销管理过程中的重要因素，企业经营的优劣成败在于网络营销管理者能否把握营销环境的规律性，能否适应不断变化的网络营销环境。

不同的角度,网络营销环境可以有许多种划分方法,本书主要从对企业营销活动影响的范围进行划分,主要包括宏观环境因素和微观环境因素。

任务一　网络营销宏观环境

网络营销宏观环境主要包括政治法律、人口、经济、社会文化、科学技术、自然等环境因素(图 2-1)。

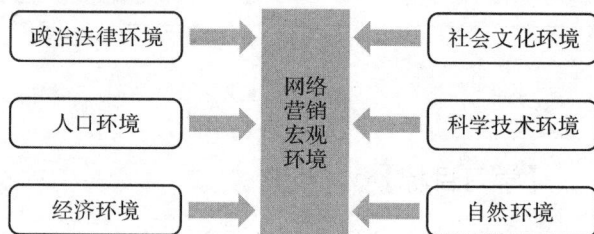

图 2-1　网络营销宏观环境影响因素

一、政治法律环境

政治法律环境是指一个国家或地区的政治制度、体制、政治形势、方针政策和法律法规等,包括国家政治体制、政治的稳定性、国际关系和法治体系等内容。这些因素常常制约并影响企业的经营行为。例如,随着国内网上购物的普及,电子支付市场进入蓬勃发展时期,市场参与者越来越多,政府部门为适应市场发展的需要,加快了相关法律法规的制定。《电子签名法》《电子支付指引(第一号)》《支付清算组织管理办法(征求意见稿)》等相关法律法规相继出台,为国内电子支付的发展提供了政策和法律方面的保障,促进了电子支付产业快速发展,初步形成一条由商业银行、非金融支付机构、商户等组成的支付体系。

(一)政治环境

政治环境是指影响企业经营的国内外政治因素与条件,包括一个国家或地区的政治制度、政治体制,国内外的政治形势、时局与发展趋势,国家制定的方针政策等诸多方面。

政府所起的作用主要有两个方面:一方面是促进商品的生产,另一方面是制约和规范企业的营销行为。例如,中央网络安全和信息化领导小组于 2014 年 2 月成立,旨在全力打造安全上网环境,投入更多资源开展互联网治理工作,消除网民上网的安全顾虑;8 月,中央全面深化改革领导小组第四次会议审议通过了《关于推动传统媒体和新兴媒体融合发展的指导意见》,这使得推动传统媒体与新媒体融合的工作正式提上社会经济发展日程,推动互联网成为新型主流媒体,打造现代传播体系,对非网民信息生活的渗透力度持续扩大;"宽带中国 2014 专项行动"持续开展,进一步推动了互联网宽带的建设和普及。

(二)法律环境

法律环境是指企业与外部发生经济关系时应遵守的各种法律、规章等的总和,它是企业进行网络营销活动的准则。企业只有依法进行各种网络营销活动,才能受到国家法律的有效保护。国家法律、法规具有强制性约束力,主要表现在以下几个方面:

(1)约束、引导和规范市场竞争,保证企业间的公平竞争,制止和惩罚不公平竞争。

(2)保护消费者的合法权益,打击和制止企业非法经营。

(3)保护全社会的整体利益和长远利益,防止企业经营对环境的污染、破坏和资源的浪费。

因此,企业在网络营销活动中在制定网络营销策略的时候,应该注意以下几个方面:

(1)要遵守目标市场的相关法律法规的规定。

(2)要服从国家有关发展战略与政策的要求。

(3)要积极利用国家政策给网络营销带来的机会,充分利用对企业、社会、消费者都有利的法律、法规和政策。

(4)要积极运用法律武器,保护自己在网络营销活动中的合法权益。

二、人口环境

市场的构成要素包括三个:人口、需求和购买力。其中,人口的数量、结构、分布及变化趋势都会对企业的网络营销产生一定的影响。人口的多少直接决定了市场的容量,人口越多,市场容量越大。同时,人口的结构,比如性别、年龄、职业等也会影响营销的效果。因此,企业在进行网络营销时必须对人口环境进行分析,具体来讲可以从以下几个方面进行分析。

(一)上网人口的数量及其增长的速度决定网上市场的规模

中国互联网络信息中心(CNNIC)发布了第 50 次《中国互联网络发展状况统计报告》,报告显示,截至 2022 年 6 月,中国网民规模为 10.51 亿人,较 2021 年 12 月增加 1919 万人,互联网普及率达 74.4%,较 2021 年 12 月提升 1.4 个百分点。无论是电脑用户还是手机用户,上网人口数量的增长为网络营销提供了必要的基础。

(二)上网用户结构决定或影响着网络营销产品的需求结构

企业可对消费者进行用户结构分析,包括性别、年龄、职业、经济状况、受教育程度、政治或宗教信仰、民族等方面,注重对这些资料的积累,因为这是网络营销的前提。特别是年龄结构,是否趋于年轻化是决定网络营销发展速度的基础性因素。2022 年 6 月第 50 次《中国互联网络发展状况统计报告》显示,我国网民结构以中青年群体为主,其中,20～29 岁、30～39 岁、40～49 岁网民占比分别为 17.2%、20.3% 和 19.1%,高于其他年龄段群体;50 岁及以上年龄段网民群体占比为 25.8%。

三、经济环境

经济环境主要是指一个国家或地区的社会经济结构、经济发展水平、经济体制、劳动力结构、物资资源状况、消费水平、消费结构及国际经济发展动态等。经济环境还可以用通货膨胀率、汇率、银行利率、各国政府货币/财政政策、税率、失业率来描述。不同的经济发展阶段各因素的变化也不同,如表 2-1 所示。

表 2-1　不同经济发展阶段各因素的特点

繁荣期	低失业率、高收入、高购买力
衰退期	失业率上升、购买力下降,甚至出现消费者和企业购买力停滞
萧条期	高失业率、可自由支配的收入降低、消费者对未来经济复苏缺乏信心

网络经济环境是指建立在计算机网络基础上的生产、分配、交换和消费的经济关系。网络经济以信息为基础,以计算机网络为依托,以生产、分配、交换和消费网络产品为主要内容,以高科技为支撑,以知识和技术创新为灵魂。从经济形态上,网络经济是信息经济或知识经济的主要形式。网络经济是知识经济的一种具体形态,这种新的经济形态正以极快的速度影响着经济社会与人们的生活。

四、社会文化环境

社会文化环境是由人们的态度、兴趣、价值观、风俗习惯、生活方式、审美观等组成的。企业作为社会成员中的一个构成部分,其营销活动不可避免地受到社会文化环境的影响和制约。所以企业应了解和分析社会文化环境,针对不同的文化环境制定不同的网络营销策略,并依此开展网络营销活动。

(一)受教育状况

教育状况是指消费者受教育程度。通常,受教育程度较高的消费者对产品的鉴别能力较强,对其核心功能、附加功能等要求较高,易于接受新的产品或服务;而一些受教育程度较低的消费者对传统宣传手段,如电视、广播等媒体较容易接受。因此,企业在进行产品开发、定价和促销时应考虑到消费者的受教育状况,针对不同人群分别采取不同的网络营销策略。

(二)价值观念

价值观念是指人们对社会生活中的各种事物的态度和看法。在不同社会文化背景下,人们的价值观念往往有很大的差异。因此,企业网络营销必须根据不同类型消费者各自不同的价值观念来设计与开发产品,提供服务。

(三)消费习俗

消费习俗是指人们在长期的经济与社会活动中形成的消费方式与习惯。不同的国家或地区、不同的民族有着不同的风俗习惯,它对消费者的消费嗜好、消费模式和消费行为等具有重要的影响。了解消费者的禁忌和习惯等是企业进行市场营销的重要前提。例如,可口可乐公司所推行的"本土化思维,本土化营销"的全球化经营策略,具体到中国,它不是用西方文化来改变中国人的消费观念,相反,主要是利用中国本土化的一些元素,注重中国人的消费习俗,与中国合作伙伴共同开发中国品牌,从而为消费者提供优质的产品或服务。在广告宣传上,可口可乐公司从中国消费者的喜好出发,将福娃形象"搬"到可口可乐的罐子上。

(四)宗教信仰

宗教是构成社会文化的重要因素之一。宗教对人们消费需求和购买行为的影响很大。在一些国家或地区,宗教已渗透到个人、家庭和社会生活的各个方面。

五、科学技术环境

科学技术环境对企业的营销活动具有极其重要的影响。科学技术环境不仅直接影响企业内部的生产和经营活动,也与其他环境因素相互依赖、相互作用,并共同影响着企业的网络营销活动。科学技术环境的变化对组织机构、管理思想、合作方式等都产生了直接的影响,随着科学技术革命的加快,这种影响将越来越突出。企业要提高营销活动的实施效果就必须关注科学技术环境的变化,以便于及时采取相应的措施。

六、自然环境

自然环境是指能够影响社会生产过程的各种自然因素。自然环境对企业经营的影响,主要表现为:自然资源日益短缺、能源成本提高、环境污染日益严重、政府对自然资源管理的干预不断加强、气候变化趋势、地理环境特点等。所有这些都直接或间接地给企业的生产经营带来威胁或机会。例如,面对资源短缺,企业应重点发展节约能源、降低原材料消耗的产品,加强"三废"的综合利用,大力发展人工合成材料,使产品轻型化、小型化、多功能化。

任务二　网络营销微观环境

网络营销微观环境由企业内部环境及其营销活动的参与者组成,它直接影响着企业为消费者服务的能力。网络营销微观环境包括供应商、顾客、竞争者、营销中介、企业自身、公众等,如图 2-2 所示。

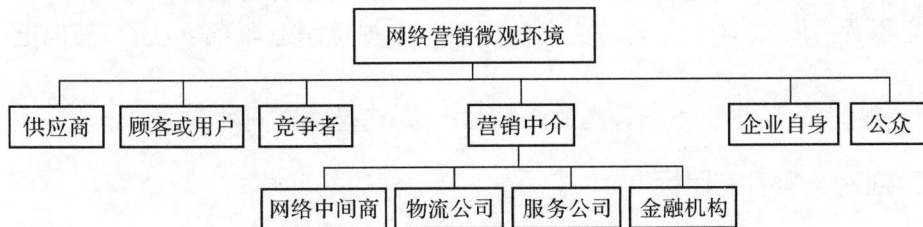

图 2-2　网络营销微观环境的构成

一、供应商

供应商是指向企业及其竞争者提供生产经营所需原料、部件、能源、资金等生产资源的企业或个人。供应商是影响企业营销的微观环境的重要因素之一。企业与供应商之间既有合作又有竞争,这种关系受宏观环境影响,并制约着企业的营销活动。因此,企业一定要注意与供应商的关系。供应商对企业的营销业务有实质性的影响,这种影响主要表现为供货的稳定性与及时性、供货价格的高低和供货的质量水平等三个方面。

二、顾客

顾客是企业直接或最终的营销与服务的对象,同时也是企业最重要的环境因素之一。互联网技术的发展使得企业与顾客之间的空间地理位置变得不再重要,创造了一个使双方更容易接近和交流的信息机制。因此,在网络营销活动中,企业应认真研究本企业的顾客群,研究其类别、需求特点和购买动机等,特别是消费者的购买习惯以及网络行为,在研究其规律的基础上,使企业的网络营销活动能满足顾客的需要,符合顾客的愿望。

三、竞争者

竞争者一般是指那些与本企业提供的产品或服务相似,并且所服务的目标顾客也相似的企业。企业在进行网络营销的过程中,一般会不可避免地遇到竞争对手。企业必须对竞争对手进行分析,具体主要包括以下几个步骤。

(一)识别竞争者

这里的竞争者主要有四类:网络品牌竞争者、行业竞争者、产品/服务形式的竞争者和一般竞争者。不同的竞争者具有不同的特征,需要企业进行准确识别,判断竞争对手的战略定位及其市场反应速度和竞争优势等。

(1)网络品牌竞争者。以相似价格向同一顾客提供相似产品或服务的企业。例如,海信、索尼、创维、康佳等品牌在京东商城上作为竞争者所提供的产品信息(价格、档次、产品等)较为相似。

(2)行业竞争者。企业可以将生产制造同样或同类产品的公司都视为竞争者。例如上述四家企业就属于行业竞争者,因为它们所提供的电视机属于同类产品。

(3)产品/服务形式的竞争者,主要是指满足消费者某种愿望的同类商品在质量、价格上的竞争者。例如,创维公司认为自己不仅与电视机制造商竞争,还与其他电子产品制造商竞争。

(4)一般竞争者,提供不同种类的产品和服务,满足顾客同种需求的企业。

(二)判断竞争者的目标

竞争者的目标有追求利润、降低企业财务费用、扩大市场占有率、技术领先、服务领先等,不同企业在不同时期有不同侧重点,会形成不同的目标组合。

(三)评估竞争者网站

包括一定时限内访问者数量及类型、顾客等级、网站竞争力等。网上企业不计其数,基于上网费用和时间的限制,网络消费者不可能浏览每个网站,那些页面设计较好的网站能够快速吸引网民访问,从而增加访问量。

　　企业在同竞争对手进行竞争时,必须做到知己知彼,不仅能够准确识别竞争对手,还应准确判断竞争对手的战略定位和发展方向,预测竞争对手未来的战略,估计竞争对手在保持可持续竞争优势方面的能力等。

四、营销中介

　　营销中介是指协助企业促销、销售和配销其产品给最终购买者的企业或个人,包括网络服务提供商、物流公司、金融机构和网络服务机构。这些机构都是网络营销不可缺少的环节,大多数企业的营销活动都必须通过它们的协助才能顺利进行。网络营销中介机构与企业的关系如图 2-3 所示。

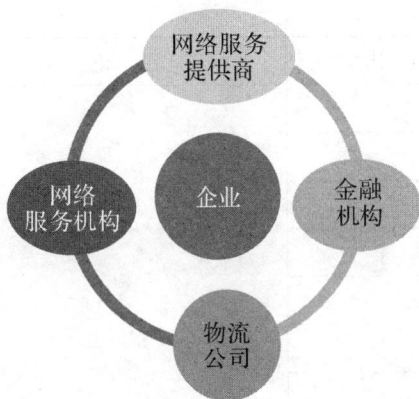

图 2-3　网络营销中介机构与企业的关系

　　一般而言,为了使其网站正常运转,企业应与相关的网络服务提供商合作,获得它们的技术支持。面对呈爆炸式增长的网上信息,浏览者往往无从下手,这就需要网络服务提供商对信息进行有效的组织和引导,对原本无序的信息进行过滤和梳理,为访问者节省搜索、分类、整理信息的时间,从而提高网站的访问量。

　　对于网络营销企业来讲,抓住信息,就等于抓住顾客,与网络服务提供商建立长期的、良好的合作伙伴关系,有利于提高网络营销活动的效率。

五、社会公众

　　社会公众是指对某一组织实现其目标的能力具有实际或潜在利害关系和影响力的一切团体和个人。现代企业是一个开放的系统,它在经营活动中必然与各方面发生联系,企业必须处理好与社会公众间的各种关系。

实训小任务

查看第 50 次《中国互联网络发展状况统计报告》,完成表 2-2,并简要阐述结论。

表 2-2　《中国互联网络发展状况统计报告》有关数据

	类　型	规模(亿人)	比例(%)	结　论
网民规模	总体网民规模			
	手机网民规模			
	农村网民规模			
移动互联网接入流量		(亿G)		
APP 在架数量		(万款)		

续表

	类 型	规模（亿人）	比例（%）	结 论
网民结构特征	男性网民			
	女性网民			
	19 岁及以下			
	40 岁及以上			
	小学文化及以下			
	大专文化及以上			
	学生网民			
	月收入 3000 元及以下			

	类 型	规模（万人）	网民使用率（%）	结 论
2022 年网民各类互联网应用情况	即时通信			
	搜索引擎			
	网络新闻			
	网络视频			
	网络音乐			
	网上支付			
	网络购物			
	网络游戏			
	网上银行			
	网络文学			
	旅行预订			
	电子邮件			
	互联网理财			
	网上炒股或炒基金			
2022 年网民各类互联网应用情况	微博			
	地图查询			
	网上订外卖			
	在线教育			
	网约出租车			
	网约快车或专车			
	网络直播			
	共享单车			

续表

	类　型	规模(万人)	网民使用率(%)	结　论
手机网民	手机即时通信			
	手机网络新闻			
	手机搜索			
	手机网络音乐			
	手机网络视频			
	手机网上支付			
	手机网络购物			
	手机网络游戏			
	手机网上银行			
	手机网络文学			
	手机旅行预订			
	手机邮件			
	手机在线教育课程			
	手机微博			
	手机网上订外卖			
	手机地图、手机导航			

项目三　网络消费者分析

【学习目标】

1. 了解我国网络消费者的基本情况；
2. 掌握我国网络消费者的基本行为模式；
3. 能够对我国网络消费者的消费行为进行分析。

【引导案例】

欧莱雅护肤品牌进军男士市场

随着中国男士使用护肤品习惯的转变，男士护肤品的需求逐渐上升，整个中国男士护肤品市场也逐渐走向成熟，发展速度迅速，越来越多的中国年轻男士已从基本清洁开始转变为护理，美容的成熟消费意识也逐渐形成。

面对其他男妆品牌主要针对"功能性"诉求的网络传播，麦肯集团旗下的数字营销公司携手欧莱雅将关注点放在中国年轻男性的情感需求上，了解到年轻男士的心态在于一个"先"字，他们想要领先一步，先同龄人一步。因此，树立了"我是先型者"的创意理念。

为了打造该产品的网络知名度，欧莱雅针对目标人群，同时开设了名为"@型男成长营"的微博和微信账号，开展一轮单纯依靠社交网络和在线零售平台的网络营销活动。

欧莱雅在新浪微博上引发了针对男生使用BB霜的接受度的讨论，发现男生以及女生对于男生使用BB霜的接受度都大大高于人们的想象，为传播活动奠定了舆论基础。

欧莱雅还在京东商城建立了欧莱雅男士BB霜首发专页，开展"占尽先机，万人先型"的首发抢购活动，设立了欧莱雅男士微博部长，为BB霜使用者提供一对一的专属定制服务。另外，特别开通的微信专属平台，每天即时将从新品上市到使用教程、前后对比等信息通过微信推送给欧莱雅男士微信公众号的每一位用户。

该活动通过网络营销引发了在线热潮，两个月内，在没有任何传统电视广告投放的情况下，该活动覆盖人群达到3500万名用户，共307107名用户参与互动，仅来自新浪微博的统计，微博阅读量即达到560万，在整个试用活动中，一周内即有超过69136名男性用户申请了试用。

任务一　网络消费者及其购买行为

网络营销成效的取得需要企业具有正确的网络营销理念,实施切实可行的营销战略和策略。而要做到这些,首先必须了解网络市场和客户的购买行为,这是因为,网络使传统的市场概念发生了很大的变化,既有时间维度上的扩张,又有空间维度上的拓展。这个迅速发展的网络市场,已经并将继续显现出与传统市场不同的特征,市场结构、交易模式、需求与行为等都发生了很大的变化,使得人们对市场营销策略、方法进行新的探索与组合。

一、网络消费者及其购买行为

(一)网络消费者市场

在营销学中,消费是指人们在生活或生产活动中为满足某种需要而消耗物质产品或非物质产品的活动。狭义的消费者,是指购买、使用各种消费品或服务的个人。广义的消费者是指购买、使用各种产品与服务的个人或组织。下面从狭义消费者的角度讨论消费者行为。

消费者市场被定义为以消费为目的,由购买产品或服务的个人或家庭类最终消费者构成的市场。网络消费是人们借助互联网实现其自身需求满足的过程。从20世纪90年代以来,信息技术的发展造就了一种新的消费形态——网络消费形态。

网络消费者有狭义和广义两种理解:狭义的网络消费者指通过互联网购买产品、进行消费的人或组织;广义的网络消费者指所有的互联网用户。目前在互联网环境下,最具有普遍性和前瞻性的市场种类是双边市场,即平台类市场。双边市场被定义为一个或多个平台(第三方)通过一定的价格策略向产品或服务的买卖双方提供服务,并促成交易获取利益的市场。在中国最著名的双边市场就是淘宝网,而享誉全球的 Google 公司也是平台类企业——为信息提供者和信息搜索者架构了技术平台。双边市场的三个核心组成部分是平台和双边用户(买方和卖方)。因此,双边市场最大的特征是不同用户和平台之间相互影响所形成的网络效应和博弈过程,又可分为自网络外部性(self-network effect)和交互网络效应(cross-network effect)。其中,自网络外部性是指双边市场用户的利益会随着同一边用户数量的增加而增加(榜样效应)或减少(竞争效应);交互网络效应是指双边市场用户的利益会随着另一边用户的增加而增加(提供更多的交易机会)。同时,由于平台在其中起到协调管理作用,也存在着平台和用户之间的影响关系:平台制定规则规范用户的交易行为,用户的行为是平台制定管理和营销策略的重要依据。

(二)网络消费者市场的特征

网络消费者市场与传统消费者市场一样具有以下一些特征。

1. 购买过程中受消费者个人因素的影响较大

从交易的商品看,由于它是供个人或家庭最终消费的产品,所以它更多地受到诸如文化修养、行为习惯、收入水平等消费者个人因素的影响。因此,商品的品类复杂,产品专业技术性不强且生命周期短、替代品较多,商品的价格需求弹性较大,即价格变动对需求量的影响较大。

2. 市场分散,交易规模小、方式多

消费品市场购买者众多,市场分散,成交次数多,但单次交易金额不大,交易方式多种多样。传统市场中绝大部分商品是通过中间商销售的,而网络市场中,生产商不仅可以通过电子中间商销售,也可以实行网络直销,其目的都是方便消费者购买。

3. 购买行为具有很大的可变性和可诱导性

在生产者市场,购买决策常常受生产特征的限制及宏观政策和市场变化的影响;而在消费者市场中则不同,消费者大多缺乏相应的商品知识和市场知识,其购买行为属非专业性购买,他们对产品的选择往往受广告、厂商促销、媒体舆论甚至感情冲动等因素的影响,其购买行为具有很大的可变性与可诱导性。

4. 需求的多样性和差异化,供求关系复杂

开展网络营销的消费品经营者面对的是一个覆盖全球的大市场,消费者的需求及由此产生的供求关系将比传统市场更加复杂。

二、网络消费者行为特征与购买动机

消费者行为是指人们为了满足自身物质和文化生活的需要,根据其收入条件,取得消费资料并进行消费的行为方式、方法、行为过程及其变化。无论是传统环境还是网络环境,对消费者行为的研究,一般都可以从五个"W"方面进行研究,即消费者是谁(who),什么时候购买(when),到哪里购买(where),购买何物(what)以及为什么购买(why)。

如今,网络消费环境已经比较成熟,任何能上网的人都是潜在的消费者,他们可以根据自己的需求和厂商所提供的产品与服务,在任何时间、任何地点进行网上消费。因此,前三个问题比较容易解决,值得重点研究的是网络消费者为什么购买和怎样购买两个问题。

(一)网络消费者的特征

生活在现实环境中的消费者通过网络消费,即成为网络消费者,因此,年龄、性别、职业、受教育程度、生活方式、地理环境等人口统计学特征同样可作为研究影响网络消费者行为的因素。

1. 普及化

中青年消费者,尤其是青年消费者在上网者中占有绝对的比重,如表3-1所示。这批人一般都崇尚创新、自由,很容易被新事物所影响,而且接受新观念、新知识快。他们

也很愿意在网络上购物,因此青年人所喜欢的电脑、游戏软件、体育用品等都是网上的畅销商品。这类市场一直是网络市场最拥挤的地方,也是商家看好的市场。

不仅如此,我们也会发现 40~59 岁和 60 岁以上的网民群体逐年增加,网上消费群体不再只局限于青年人,网络消费行为已经慢慢普及。因此,我们不能忽略这部分群体的需求,要与时俱进,关注中老年人的需求发展。

表 3-1　2014—2021 年中国网民年龄结构分布

年份	网民总数 (万人)	19周岁及以下	20~29周岁	30~39周岁	40~59周岁	60周岁及以上
2014	63200	26.80%	30.40%	23.50%	18.10%	1.20%
2015	68800	24.10%	29.90%	23.80%	18.30%	3.90%
2016	73100	23.40%	30.30%	23.20%	19.10%	4.00%
2017	77200	22.90%	30.00%	23.50%	18.40%	5.20%
2018	82802	21.60%	26.80%	23.50%	21.50%	6.60%
2019	85400	20.90%	24.60%	23.70%	24.00%	6.80%
2020	98904	16.60%	17.50%	20.50%	33.90%	11.20%
2021	103200	15.60%	17.40%	20.30%	34.60%	12.10%

年轻的消费者在网上消费过程中具有对新消费观念、新事物接受迅速,消费需求范围广泛、要求高、变化快,消费过程中比较注重自我等行为特征。

2. 知识性

互联网应用的技术门槛决定了其用户的这一特征,尽管互联网的应用正随着信息技术的发展变得越来越容易了,然而要成为一个成熟的网络消费者,熟练使用电子商务的各种手段和工具是不可或缺的,再简单的网上消费行为也比一手交钱一手交货的传统交易方式要复杂一些。知识性的特征还表现在,多数网络消费者具有自己的消费价值观,在消费过程中能够保持理性,比较注重对商品品质或性价比的追求,而他们中的许多人善于运用各种互联网工具来达到自己的消费目的。

3. 角色多元化

互联网赋予了网络消费者新的权力,使他们不只是单纯的消费者、商业活动中的受众,更是可以利用各种互联网的功能与环境发布与消费相关的各种信息的"上帝",成为商业活动中消费行为的指导者、消费需求的创造者、消费信息的传播者和企业经营行为的评论者。

这些特征表明网络消费者更注重自我,更突出个性化需求;他们有自己的想法,相信自己的判断力,而且头脑冷静,擅长理性分析,不易为广告所左右;同时,他们反应敏锐,对新事物有着孜孜不倦的追求,并且接受迅速;他们兴趣广泛,有强烈的好奇心,喜欢追根究底;好胜而缺乏耐心也是目前网络消费者的一个显著特征,如果浏览一个站点很费时间,他们会很轻易地去访问别的站点。

(二)网络消费者的购买动机

1. 网络消费者的需要动机

人的需要层次理论被广泛应用在传统营销过程中。需要层次理论是研究人的需要结构的理论,它是由美国心理学家马斯洛在1943年出版的《人类动机的理论》一书中提出来的。马斯洛把人的需要划分为五个层次:生理的需要、安全的需要、爱与归属的需要、尊重的需要和自我实现的需要。现代虚拟社会中消费者的新需要即兴趣、聚集、交流。

2. 网络消费者的心理动机

网络消费者购买行为的心理动机主要体现在理智动机、感情动机和惠顾动机等三个方面。理智动机具有客观性、周密性和控制性的特点。在理智购买动机驱使下的网络购买行为,首先注意的是商品的先进性、科学性和质量高低,其次才注意商品的经济性。感情动机是由于人的情绪和感情所引起的购买动机。惠顾动机是基于理智经验和感情之上的,对特定的网站、图标广告、商品产生特殊的信任与偏好而重复地、习惯性地前往访问并购买的一种动机。

(三)网络消费者的购买过程

网络消费者的购买过程,也就是网络消费者购买行为形成和实现的过程。网络消费者的购买过程可以粗略地分为五个阶段:激发需求、收集信息、比较选择、购买决策和购后评价。

1. 激发需求

网络购买过程的起点是激发需求。消费者的需求是在内外因素的刺激下产生的。当消费者对市场中出现的某种商品或某种服务发生兴趣后,才可能产生购买欲望。这是消费者做出消费决策过程中不可缺少的基本前提。如不具备这一基本前提,消费者也就无从做出购买决策。

对于网络营销来说,诱发需求的动因只能局限于视觉和听觉。文字的表述、图片的设计、声音的配置是网络营销诱发消费者购买的直接动因。从这方面讲,网络营销对消费者的吸引具有相当的难度。这就要求从事网络营销的企业或中介商注意了解与自己产品有关的实际需求和潜在需求,了解这些需求在不同时间的强烈程度,了解这些需求是由哪些刺激因素诱发的,进而巧妙地设计促销手段去吸引更多的消费者浏览网页,激发他们的需求欲望。

2. 收集信息

在购买过程中,收集信息的渠道主要有两个——内部渠道和外部渠道。内部渠道是指消费者个人所储存、保留的市场信息,包括购买商品的实际经验、对市场的观察以及个人购买活动的记忆等;外部渠道则是指消费者可以从外界收集信息的通道,包括个人渠道、商业渠道和公共渠道等。

一般来说,在传统购买过程中,消费者对信息的收集大都处于被动进行的状况。与传统购买时信息的收集不同,网络购买的信息收集带有较大主动性。在网络购买过程中,商品信息的收集主要是通过因特网进行的。一方面,上网消费者可以根据已经了解的信息,通过因特网跟踪查询;另一方面,上网消费者又不断地在网上浏览,寻找新的购买机会。

3. 比较选择

消费者需求的满足是有条件的,这个条件就是实际支付能力。没有实际支付能力的购买欲望只是一种空中楼阁,不可能导致实际的购买行为。为了使消费需求与自己的购买能力相匹配,比较选择是购买过程中必不可少的环节。消费者对各条渠道汇集而来的资料进行比较、分析、研究,了解各种商品的特点和性能,从中选择最为满意的一种。一般来说,消费者的综合评价主要考虑产品的功能、可靠性、性能、样式、价格和售后服务等。

网络购物不直接接触实物。消费者对网上商品的比较依赖于厂商对商品的描述,包括文字描述和图片展示。网络营销商对自己的产品描述不充分,就不能吸引众多的顾客。而如果对产品的描述过分夸张,甚至带有虚假的成分,则可能永久地失去顾客。

4. 购买决策

网络消费者在完成了对商品的比较选择之后,便进入购买决策阶段。与传统的购买方式相比,网络购买者的购买决策有许多特点。首先,网络购买者理智动机所占比重较大,而感情动机所占的比重较小。其次,网络购买受外界影响较小,大部分的购买决策是自己做出的或是与家人商量后做出的。最后,网上购物的决策行为较之传统的购买决策要快得多。

5. 购后评价

消费者购买商品后,往往通过使用,对自己的购买选择进行检验和反省,重新考虑这种购买是否正确,效用是否理想,以及服务是否周到等问题。这种购后评价往往决定了消费者今后的购买动向。

为了提高企业的竞争力,最大限度地占领市场,企业必须虚心倾听顾客反馈的意见和建议。因特网为网络营销者收集消费者购后评价提供了得天独厚的优势。方便、快捷、便宜的电子邮件紧紧连接着厂商和消费者。厂商可以在订单的后边附上一张意见表。消费者购买商品的同时,就可以同时填写自己对厂商、产品及整个销售过程的评价。厂商从网络上收集到这些评价之后,通过计算机的分析、归纳,可以迅速找出工作中的不足,及时了解到消费者的意见和建议,及时改进自己的产品性能和售后服务。

三、网络消费者的需求特征

(一)消费者需求的个性化

在近代,由于工业化和标准化生产方式的发展,使消费者的个性被淹没于大量低成本、单一化的产品洪流之中。进入 21 世纪以来,这个世界变成了一个计算机网络交织的世界,消费品市场变得越来越丰富,消费者进行产品选择的范围扩大了许多,消费者开始制定自己的消费准则,整个市场营销又回到了个性化的基础之上。没有一个消费者的消费心理是一样的,每一个消费者都是一个细小的消费市场,个性化消费成为消费的主流。

(二)消费者需求的差异性

不仅消费者的个性消费使网络消费需求呈现差异性,不同的网络消费者因其所处的环境不同,也会产生不同的需求。不同的网络消费者,即便在同一需求层次上,他们的需求也会有所不同。因为网络消费者来自世界各地,有不同的国别、民族、信仰和生活习惯,所以会产生明显的需求差异性。因此,从事网络营销的厂商,要想取得成功,就必须在整个生产过程中,从产品的构思、设计、制造,到产品的包装、运输、销售,认真思考这些差异性,并针对不同消费者的特点,采取相应的措施和方法。

(三)消费者消费的主动性

在社会化分工日益细化和专业化的背景下,消费者对消费的风险感随着选择的增多而上升。在许多大额或高档的消费中,消费者往往会主动通过各种可能的渠道获取与商品有关的信息并进行分析和比较。或许这种分析、比较不是很充分和合理,但消费者能从中得到心理的平衡以减轻风险感或减少购买后产生的后悔感,增加对产品的信任程度和心理上的满足感。消费主动性的增强来源于现代社会不确定性的增加和人类对心理稳定和平衡的需求。

(四)消费者与厂家、商家的互动性

传统的商业流通渠道由生产者、商业机构和消费者组成,其中商业机构起着重要的作用,生产者不能直接了解市场,消费者也不能直接向生产者表达自己的消费需求。而在网络环境下,消费者能直接参与到生产和流通中来,与生产者直接进行沟通,减少了市场的不确定性。

(五)消费者消费的方便性

在网上购物,除了能够完成实际的购物需求以外,消费者在购买商品的同时,还能得到许多信息,并得到在各种传统商店没有的乐趣。今天,人们对现实消费过程出现了两种追求的趋势:一部分工作压力较大、紧张程度高的消费者以方便性购买为目标,他们追求的是时间和劳动成本的尽量节省;而另一部分消费者,是由于劳动生产率的提高,自由支配时间增多,他们希望通过消费来寻找生活的乐趣。今后,这两种相反的消费心理将会在较长的时间内并存。

(六)消费者选择商品的理性化

网络营销系统巨大的信息处理能力,为消费者挑选商品提供了前所未有的选择空间,消费者会利用在网上得到的信息对商品进行反复比较,以决定是否购买。对企事业

单位的采购人员来说,可利用预先设计好的计算程序,迅速比较进货价格、运输费用、优惠折扣、时间效率等综合指标,最终选择有利的进货渠道和途径。

(七)价格仍是影响消费心理的重要因素

从消费的角度来说,价格不是决定消费者购买的唯一因素,但却是消费者购买商品时肯定要考虑的因素。网上购物之所以具有生命力,重要的原因之一是网上销售的商品价格普遍低廉。尽管经营者都倾向于以各种差别化来减弱消费者对价格的敏感度,避免恶性竞争,但价格始终对消费者的心理产生重要的影响。因消费者可以通过网络联合起来向厂商讨价还价,产品的定价逐步由企业定价转变为消费者引导定价。

任务二　网络消费者购买行为分析

由于网络消费有高效率、低成本等突出的优点,再加上目前互联网技术的飞速发展和日趋完善,以互联网技术为载体的网络消费,已经得到了广泛的普及,消费者购买行为也随之发生变化。对网络消费者购买行为的分析有利于网络营销的开展。

一、网络消费购买行为类型

(一)购买行为的基本类型

虽然消费环境发生了变化,但从消费行为的表现形式看,网络消费者与传统环境下的消费者是相似的,因此,传统环境下对消费者购买行为进行分析所依据的理论也同样适用于网络消费者。

1. 习惯性的购买行为

消费者之所以对某种商品产生习惯性购买行为,除这种商品不同品牌间的差异小、购买行为简单外,更重要的原因是人们对该商品熟悉,这种熟悉是人们在使用该商品的过程中形成的,感到其质量可靠、服务信誉有保障等,从而无须再进行信息搜集、产品评价等复杂过程。根据养成理论,消费者对商品的喜好与兴趣是在重复使用该商品的过程中建立起来的。消费者形成品牌忠诚的基本要素是产品对消费者有吸引力,这也是企业实施品牌策略的首要任务。因此,针对习惯性购买行为,营销者大多采用价格优惠、高频率的广告宣传,以及独特的包装等方式吸引消费者购买。

2. 复杂的购买行为

复杂的购买行为是指消费者在购买价格昂贵、差异性大、非正常性购买、具有一定风险的商品时所发生的购买行为。这里所说的"风险",是指消费者在购买商品或服务时,由于无法预测和控制购后的结果是否令自己满意而面临或体验到的不确定性。这种购买理论的主要特点是:品牌差异明显,购买者非常投入。如在购买高档商品或技术含量高的商品时,消费者一般要经历一个学习有关知识、了解商品相关信息的过程,然后才能做出选择。

网上消费行为是一个典型的信息处理过程。根据认知理论,品牌策略中的品牌设计和品牌传播的信息要能引起消费者的注意,从而诱发思考,强化记忆,影响态度,促成购买行为。这些应当成为网络营销中分析复杂的购买行为和采取相应策略的出发点和着眼点。营销者应注重通过网络实现相关信息的有效传送,并主动与消费者沟通,帮助消费者提升对商品价值的认识。

3. 多样化的购买行为

具有这种购买行为的消费者会频繁地变换所购商品品牌,但这并非因为对商品不满意,而只是为了追新求异。根据边际效用理论,商品的边际效用会随着消费数量的增加而减少。这一规律同样适用于网络消费者,而且由于互联网及时、迅捷、广泛的信息传递效应,人们可以在第一时间接触到最新的市场信息,这也加速了消费者商品意识的不断发展和快速变化。因此,一方面企业在注重品牌保护的同时,要着眼于品牌的创新;另一方面,在营销上也要与时俱进,不断创新。

在浩如烟海的互联网信息中,网络消费者要寻找自己所需的信息,的确如大海捞针,虽然有各种搜索工具,但对许多消费者来说却不愿花时间和精力来选择与判断,于是出现了多样化的购买行为。其特点是:品牌差异明显,但消费者却不愿细选。针对这种情况,营销者可依托互联网信息密度大、表达方式丰富的特性,以多种形式、多种手段、多条渠道提供各种信息,满足网络消费者多样化的需求。

4. 减少风险的购买行为

有些高档、技术复杂、价格昂贵的商品,质量不易鉴别,消费者购买感到有一定的风险,但各种因素又促使消费者必须购买,于是消费者期望在购买过程中尽量少发生风险或降低风险的程度。

按照减少风险理论,消费者的购买行为就是想方设法寻求减少风险的途径。例如,选择购买价格昂贵的名牌商品或品牌差异性不大的商品就是人们在作购买决策时为减少风险常用的方法之一。但与复杂购买行为不同的是,一些希望减少购买风险的消费者并不会投入大量的精力去了解有关商品的知识,而是采取简化购买过程、选择品牌差异小的商品的方法;许多消费者不愿花时间和精力来搜集不同品牌的各种信息并进行比较、判断和选择,他们中的许多人只关心价格的优惠与购买的便利。在互联网环境下,这样的购买行为同样会经常发生。

众所周知,在虚拟的网络市场环境中,消费者在线购买商品时面临的各种风险要大于传统环境。消费者对可能存在的风险的心理预期、对风险的感知程度,以及心理承受力都会对他的购买行为产生影响。因此,网络环境下的营销人员应积极主动地与消费者交流与沟通,除介绍产品等相关信息协助顾客选购商品外,还可以通过微信、QQ、微博、博客等渠道提供各种咨询和售后服务,以提高顾客的满意度与忠诚度。此外,营销者还应借助网络环境下的各种信息渠道和资源关注消费者的行为及动向,适时采取措施帮助消费者减少购买风险。

5.社会性购买行为

根据象征性社会行为理论,任何商品都是一种社会语言,具有某种特定的社会含义,因而使得购买行为成为一种象征性的社会行为。消费者由于受所处社会的自然条件、生活条件和各种社会因素的影响而产生为了满足社会需求而购买商品的动机,进而产生社会性购买行为,如人与人进行交往、沟通需要的各种消费。目前,在网络环境下此类消费行为占据了相当大的比例,有关研究表明,网上各种彩铃、彩信有偿服务中,许多消费者将其喜爱的彩铃、彩信作为"礼物"馈赠给亲朋好友。各种礼品网站更是由于订购方便并能够提供邮购或送货上门服务而担当起"礼仪公司"的职能。

二、影响网络消费者购买行为的因素

消费者购买行为通常由两个部分构成,一是消费者的购买决策过程,二是消费者付款收货的行动过程。购买决策是消费者在使用和处置所购买产品和服务之前的心理活动和行为倾向,属于消费态度的形成过程;而消费者行动则更多的是购买决策的实施过程。在现实的消费生活中,消费者行为的这两个部分相互渗透,相互影响,共同构成了消费者购买行为的完整过程。下面从行为特点、购买动机等方面对网络购物的消费者行为加以研究。

(一)消费者网络购物的购买动机

消费者行为学将消费者购买动机分为好多种,其中包括求新动机、求廉动机、求名牌动机等。

1.求新动机

求新动机指的是消费者看重商品和服务的时尚、新颖、奇异等特点,希望购买的产品或服务区别于大众,从而产生购买动机。在这种动机支配下,消费者选择商品的时候,特别注重商品的款式、色泽、流行性、独特性与新颖性。网络购物时尚、有趣,是一种新兴的购物方式,并且网络商店可以提供大量新近上市的产品,这一切都满足了消费者的求新动机。有些地域较小或者偏远的城市,市面上提供的商品种类和品牌有限,但是网络购物突破了地域的限制,甚至可以提供海外代购,可以给消费者提供更多新颖时尚的商品。有些网络商店还可以进行个性化定制,满足顾客追求个性新颖独立的需求。

现在,戴尔、索尼等电脑生产商都在它们的网络商店上开展个性化定制服务,消费者可以选择自己喜欢的颜色、外壳以及自己想要的配置(硬盘、内存等),然后在线上提交订单就可以了。大街上人们穿着的短袖服装样式多样,有些可能在商店都没见过,那是因为在淘宝等平台上有一批商家专门为消费者提供个性化服务,顾客可以把自己喜欢的图片传给店主,并说明自己想要的颜色等要求,然后,卖家就会根据消费者的要求,做出令消费者满意的衣服。这些卖家都在迎合消费者的求新动机。

2.求廉动机

求廉动机是指消费者以追求商品或服务的价格低廉为主导倾向的购买动机。在求廉动机下,消费者挑选商品时以价格为首要考虑因素,他们宁愿多花体力和精力,通过多方面的了解,比较产品价格差异,选择价格便宜的商品。

网络零售商的渠道是很宽广的,他们可以直接与生产企业联系,这就减少了很多中间环节,在正常情况下,网络零售商有能力将网上销售的产品的价格降得比实体店铺的同种商品低,并且有些网上卖家还开展各种促销活动,让消费者感到实惠。在亚马逊书店销售的书籍的价格比实体店销售的书籍的价格低15%~30%,这对消费者产生很大的吸引力。在淘宝、京东商城等网站,卖家经常搞一些促销活动,比如打折、团购等。这些活动吸引了许多消费者的眼球。有一些卖家销售的手机不保修,没发票,但还是会有很多消费者前去购买,这些都在显示着消费者的求廉动机,并且在求廉动机下,价格是决定消费者是否购买的重要因素。

3. 求名牌动机

求名牌动机是指消费者在购买商品时,更看重名牌、高档的商品,想要用它们来显示或提高自己的身份、地位的动机。现在,在一些高收入群体中求名牌动机比较明显,消费者对商品的商标、商店的牌号等特别重视,喜欢名牌产品。在这种动机的驱使下,顾客购买时几乎不考虑商品的价格,只是通过购买、使用名牌来显示自己的身份和地位,从中得到一种心理上的满足。具有这种购买动机的顾客一般都具有相当的经济实力和一定的社会地位。

在淘宝、拍拍等网站上,有很多品牌专卖店,这些店铺都是在迎合消费者追求名牌的动机。在唯品会上,每天都有几十个品牌特卖会,并且唯品会还设立了一个奢侈品品牌特卖专区。这些都是商家极力地迎合消费者的求名牌动机,从而希望自己的商品卖得更好。

(二)卖家因素

网上卖家的许多方面都能影响到消费者是否会购买商品。所以卖家要想卖出更多的商品,就必须对消费者进行深入了解,对自己进行审视和自省。影响消费者网络购物行为的卖家因素有很多,如卖家的产品和价格、卖家的服务态度、卖家的信誉、卖家的物流速度等。

1. 产品和产品的价格

产品是影响消费者购买的重要因素之一。网络市场不同于传统市场,网络消费者有着区别于传统市场消费者的需求特征。因此,并不是所有的产品都适合在网络上进行销售。根据网络消费者的特征,网上销售的产品要具有新颖性,即新的产品或时尚性的商品更能吸引消费者的注意,它们能满足网络消费者的求新动机。产品的质量也是一个重要因素,想要网络消费者成为回头客,那么卖家在产品质量上就要下功夫。

价格并不是决定消费者产生购买行为的唯一因素,但却是消费者购买商品时必定考虑的因素。通常,需求量与价格之间表现为反比关系,即同种商品,价格越低,那么它的需求量越大。网络零售商的进货渠道比较广,减少了很多中间商,所以网络销售的商品的价格普遍低廉,这使得网络购物充满了生命力。这种低廉的价格恰好迎合了消费者的求廉动机。

2. 卖家的服务

网络零售商的服务态度也是影响消费者购买的因素之一。经常在淘宝网上买东西的人会发现,当你问卖家"在不在"时,卖家就会说"亲,请问有什么可以帮您?"网络零售商发现服务态度的提升,有利于自己店铺的形象,更直接影响到商品销售的数量,所以许多卖家都在服务上对员工进行培训。这里所说的卖家的服务态度并不只是售前服务,还包括售后服务。有些卖家售出产品后产品出了问题,他们就不管了,并且态度恶劣,这是对消费者极不负责的。这种情况会让消费者非常寒心,特别是对于第一次在网上购物的消费者,他们就会对网络购物产生不好的印象。卖家的服务态度直接影响着店铺的形象,更能直接影响消费者是否购买产品,所以卖家只有不断地提高自己的服务质量,才能卖出更多的产品。

3. 物流速度

物流速度也是影响消费者网络购物的因素之一。物流速度分为卖家发货速度和卖家选择的物流企业的配送效率。前者是消费者下了订单后,卖家将货物运送到物流企业这一过程的速度;后者指的是物流企业把货物送到消费者手中的速度。消费者在购买商品的过程中,会向卖家询问他们什么时候能发货,所选的是什么物流公司,几天能到。物流的速度直接影响消费者购物,特别是发往西北地区的货物,有些物流企业需要半个月或以上才能将商品送到消费者手上,这个时候消费者就会思考到底买不买。因此,卖家的发货速度和物流企业的配送效率直接影响着消费者的购买行为。

4. 卖家信誉

卖家信誉也是影响消费者网络购物的因素之一。消费者在进行网络购物的过程中,会对卖家进行考察,然后再决定是否购买。在淘宝网上,当店铺卖出一定数量的商品,店铺的等级就会提升。消费者在购买商品时,会去了解店铺的等级,别的购买过该商品的人的评价,消费者从中会了解到网站上所摆的产品是否与卖家描述的一致。信誉对卖家来说是十分重要的。

(三)安全与隐私

影响消费者进行网络购物的另一个重要因素是安全性问题。网络购物不同于传统购物,消费者一般下了订单后需要先付款后送货,这跟传统购物的一手交钱一手交货的购买方式不同。网上购物的时间和空间发生了分离,消费者会产生一种失去控制的感觉。消费者在网上进行购物时,面对的是虚拟的商店,对产品的了解和认识只能通过图片、文字等网上介绍完成。交易的时候,消费者要将自己的卡号、密码、电话号码、住址等个人信息等通过互联网传送。交易的这个阶段最容易出现安全问题,一些不法分子会截取和利用买家的信息。

消费者要想提升网络购物的安全系数,就必须做到:首先,安装杀毒软件;其次,账号的密码长度应采用数字和字母组合,并且尽量要长;最后,在电脑上安装数字证书、U盾等。

三、网络销售商家的应对策略

网络购物消费者行为的特殊性给经营者带来了很大挑战,商家必须转变传统销售方式的运作理念,建立一套适合网络消费者需求的运作机制。

(一)运用先进的营销理念

营销策略的制定者必须要有先进的营销理念,这对营销活动起指导作用。因此,经营者要不断更新营销理念,指导自己制定营销策略。传统的市场营销组合为4P,即产品、价格、促销和渠道。与产品导向的4P营销理论相比,4C营销理论有了很大的进步和发展,它重视顾客导向,以追求顾客满意为目标,这实际上是当今消费者在营销中越来越居主动地位的市场现状对企业的必然要求。4S营销理论中的"4S"是指满意(Satisfaction)、服务(Service)、速度(Speed)和诚意(Sincerity)。4S营销理论强调从消费者需求出发,打破企业传统的市场占有率推销模式,建立起一种全新的"消费者占有"的营销导向,要求企业针对消费者的满意程度对产品、服务、品牌不断改进,从而达到企业服务品质最大化,使消费者满意度最大化,进而使消费者对企业产品产生一定的忠诚度。

4P、4C、4S三者的关系是发展完善的关系,不能把三者理解为三次理论颠覆的结果,应该根据企业的实际,把三者有机地结合起来指导营销工作,即要求企业的全部生产、市场营销活动都要从满足顾客需要出发,以提供满足顾客需要的产品或服务为企业的责任和义务,以顾客满意为企业市场营销的目标。

(二)灵活运用商品定价策略

网店商品定价的基本依据是商品成本,而成本较低是网上开店之所以有生存空间的重要因素。目前,网店商品定价方式主要有一口价、拍卖(竞标)、讨价还价、集体议价四种形式,可以采取组合定价、阶段性定价、薄利多销和折扣定价,还可以采取心理策略,运用同价销售法、分割定价法、低价安全定价法、顾客选择定价法等技巧,但应坚持网上定价的稳定性、目标性与赢利性原则,并慎重考虑价格折扣,高度重视保护卖家的信用。因为从调查结果数据分析中可知,卖家的信用度和产品的价格折扣是吸引消费者选择购物的主要因素。

(三)严格准入机制

在传统的商品交易中,商家需要有营业执照才能从事营利性的行为。近年来,我国电子商务进程不断加快,催生了新的消费方式和商业模式,也使电子商务行业实现了快速发展。但是我国在很长一段时期缺少专门对电子商务领域进行监管的法律,出现了一些行业乱象,使消费者在电子商务过程中处于相对弱势的地位,电子商务行业的发展处于无序状态,迫切需要出台专门规范电子商务行为的法律。《中华人民共和国电子商务法》于2018年8月31日颁布,2019年1月1日起正式施行,整部法律对电子商务经营者、电子商务合同的订立与履行、电子商务争议解决、电子商务促进、法律责任五个大方面做了明确规定。《中华人民共和国电子商务法》的颁布,无论是对消费者、经营者,还是对我国整个电子商务行业的发展来说,都具有重要的意义。

(四)尽量缩短配送时间

求便动机是消费者进行网络购物的主要动机之一。但是网络购物不能进行即时的商品交易,消费者在订货后需要几天的等待,这样就降低了消费者网络购物的乐趣和积极性,因此经营者要尽可能减少从订货到商品到达消费者手中的时间,以提高消费者的满意度,而这一切必须依靠现代化的物流配送体系才能完成,可以利用先进的第三方物流。所谓第三方物流,是指生产经营企业为集中精力搞好主业,把原来属于自己处理的物流活动,以合同方式委托给专业物流公司,同时通过信息系统与物流公司保持密切联系,以达到对物流全过程管理控制的一种物流运作方式。网络经营者可利用专业的物流公司来尽量缩短配送时间。

(五)建立良好的退换货品机制

相对于快速发展的网络经济,网络购物的售后服务显得滞后。网络购物本身是一种风险较高的购物方式,如果没有一种有效的退换货机制,那么消费者的权益难以得到保障,进而降低了消费者进行网络购物的兴趣。因此,要在卖家和买家之间建立第三方对网络购物进行监管,并且营造规范的网络营销法律环境,对网络购物的退换货机制予以保障,这样才能真正维护消费者的权益,推进网络经济的快速发展。

任务三　网络有效购买行为的实现

一、网络环境下营销信息的有效传递与甄别

(一)网络营销传播面临的新难题

网络市场的突出优势在于其卓越的信息传输效率,互联网不仅使信息的发布与获取的成本不断降低,而且使信息的传递速度大大加快,这对于降低信息的不对称程度无疑有着积极的作用,而且对降低由此引起的逆向选择(在信息经济学中,逆向选择又称为不利选择,是指由于信息不对称而造成的违背优胜劣汰的原则,做出相反选择的行为)风险也有着积极的意义。

然而,信息技术所能做的只是使信息传递得更快、成本更低,但对于信息的质量和真伪的甄别则显得力不从心。事实上,在网络市场中,由于交易双方互不见面而造成商品交易双方的机会主义动机更强。利用互联网传播虚假信息欺骗、误导交易者的情况较多,商品与服务质量的不确定性较传统市场更为严重。

在缺乏完善管理的交易体系下,互联网上的"信息泛滥"很可能使信息的可信度降

低,进而加剧信息的不对称性,让交易者更加难以决断和选择,由此造成的逆向选择问题不仅存在,而且更加严重。而利用互联网的虚拟性出现的大量"隐匿行为",也让交易双方更加谨慎。这些都意味着高效率的信息传输并不一定能带来高效率的市场运作。

如何降低逆向选择风险和规避道德风险,增加网上购买行为的有效性,提高网络市场的效率,成为网络营销面临的又一个难题。

(二)网络环境下的信息不对称及其影响

市场的基本功能之一是产生并传递经济信息,因此市场运作的效率主要取决于交易各方所获得的经济信息数量与可靠程度。互联网在这方面所发挥的功效超过了以往任何一种信息传播媒体和工具,同时也产生了新的信息不对称问题并给市场交易带来了很大的影响。

1. 互联网上海量信息形成的信息不对称

信息的极大丰富并不意味着一定会出现信息对称的环境。实现信息对称包括两方面的含义:存在信息的对称性和获取信息能力的对称性。真正意义上的信息对称指对应双方所掌握的信息的对称性,即在信息存在对称性的基础上还必须具备信息获取能力的对称性。互联网虽然承载着海量的信息,使信息存在的对称性大大提升了,但要在互联网这个信息的海洋中获取有价值的信息,不仅取决于人们检索信息的能力,而且还取决于消费者对信息的甄别能力。从某种意义上说,互联网海量的信息增加了信息搜索和甄别的难度,使人们获取有价值信息的能力降低,于是形成了新的信息不对称。

2. 产品的信息是影响购买者决策的一个主要因素

产品信息可分为实意信息和象征信息两种类型。实意信息是指通过实物方式传递给买方的产品信息,它与产品本身有密切联系。这种信息的获取通常要求买方能够接触商品本身,即通过触摸、使用才能获取,或者买方能够获得值得信任的"经验信息或检测信息"。象征信息是通过语言、文字、图表、图像等方式传递给买方的产品信息。

营销信息通常兼顾两者,即同时以实意信息与象征信息的方式将信息传递给买方,以帮助买方形成完整的产品感知。无论在网络市场还是传统市场都存在信息表达与传递及其对买方行为的影响问题。以产品质量信息为例,产品质量信息由客观质量和感知质量构成。客观质量可以用设计、工艺等客观标准来衡量或检验,并通过卖方、第三方以产品陈列、广告等形式或社会环境中人际的交流形式传递给买方。感知质量不同于客观质量,是买方依据所获取的实意信息与象征信息,在个人偏好的影响下形成对产品的一种整体判断和评价。这种偏好会使买方对获取的信息进行修改,从而形成产品感知质量。因此,接受相同信息的买方形成的感知质量往往会有很大的差异,这将导致买方做出不同的购买决策。

网上销售的产品分为实物产品和数字化产品两大类,其产品信息都可以用数字形式传递。然而,根据目前信息技术的发展水平,数字化传递方式难以有效地传递实物产品的实意信息,而数字化产品的可复制特性,使企业出于保护产品的目的,在传递产品的实意信息中会有所保留,尤其是对一些具有使用经验性的数字产品。因此,尽管互联网有着强大的信息传递与检索功能,但买方还是难以通过互联网获得产品的全部实意信息,这也是造成网络市场信息不对称的原因。

3. 买方的有限理性

虽然互联网为交易者提供了强大的信息检索功能,买方可以在极短的时间内获得成千上万甚至更多的象征信息,但他们的信息处理能力是有限的。按照消费心理学的观点,人的理性也是有限的,因此,现实生活中不存在全智全能的完全理性。有限理性的买方在网上购买决策过程中,不可能将所有的信息即决策备选方案都检查比较一遍。事实上,网上象征信息的超载与实意信息的缺乏使买方无力对商品质量做出完全正确的判断,这就更加增强了买方感知质量的不确定性。

一些企业也认识到担保产品质量的困难,它们推出了各种免责措施,如淘宝在它的用户协议中免除了与自己相关的责任:"淘宝不对广告项目质量、安全或合法性以及商品目录的真实性或准确性进行控制",但此举无疑增加了网络市场中的交易风险,应当设法采取有效手段降低网络市场的信息不对称程度。

4. 买方机会主义行为

不可否认的是,随着部分消费者网络购物经验的逐渐积累,对交易规则熟悉程度的不断提高,目前网络市场上存在着大量由于信息不对称导致的消费者机会主义行为,例如消费者欺骗商家不正当获得服务保护的行为。

类似的机会主义行为也在中国最大的C2C网上商城淘宝网上频繁出现,在"淘宝论坛"中仅仅用关键词"骗保"搜索就得到了700多条记录,其中包含欺骗运费险行为(一次购买和寄回多样商品,但退货过程分开进行,以获得多次运费补偿)、欺骗保证金行为(利用卖家少货或缺货的状况,扣下过多商品,导致卖家无法发货时,启动服务保障得到原价30%的金额赔偿)和无理由滥用退货条款(在没有任何质量缺失或描述差异的情况下,选择退货)。消费者利用商家对消费者购后行为的不了解,选择采取了对自己最为有利的机会主义行为,这些行为给企业带来的伤害无疑是巨大的,尤其是对于中小型卖家。退货率的提高会降低在淘宝中的搜索排名,影响店铺信誉。同时,在经营过程中卖家将需要保留更多的存货和货款以维持正常运转,而退货过程中人工处理的复杂程度也是必须计算的重要成本之一。因此,很多企业在是否提供较少限制的服务保证的问题上犹豫了,他们认为消费者的非伦理行为会把企业拖入一种财务困境,这也可能是部分电子商务企业为什么还处入不敷出阶段的原因之一。

综上所述,虽然网络增加了信息提供量和透明度,但是也给买卖双方交易中的不正当行为提供了掩饰的手段。从买家层面来说,由于产品的实意信息难以通过互联网实现有效传递,而诸如产品品牌、价格、功能介绍等象征信息虽然极为适合数字化方式传递,但由于网络市场中信息与实物相分离、产品销售网站和交易者与物理空间相分离等客观原因,从而缺少可以使买方获得"完整"感知质量的途径,形成了买方感知质量的不确定性,进而影响了买方的购买决策。相对的,从卖家层面来说,他们对消费者购买后的确实情况也不了解,对买家是出于真实情况还是不良意图退款无法做出有效的判断。同时,由于评价体系的建立使得消费者手中握有更多的主动权,为了获得更好的评价,商家也不愿意轻易得罪消费者,这就让消费者的机会主义行为有了可乘之机。

二、网络环境中营销信息有效传递与甄别的措施

由于信息不对称,交易双方在信息传递和甄别过程中,可能面临逆向选择与道德风险的问题。为此,在网络环境下,可采取以下策略。

(一)提高营销信息传递的有效性

增加信息丰富度来改善信息不对称状况。优质产品的提供者应通过各种适当的渠道、工具传递自己的产品信息,使需求方容易区分优质产品与劣质产品,以减少他们做出逆向选择的可能性。

通过信誉度高的网站发布信息,以提高产品信息的可信度。网络市场信息不对称的原因之一是卖方信誉问题,由于互联网对实意信息的传递效率不高,加上在线交易一般是以非接触的虚拟方式进行的,因此网络对卖方的约束较小,买方对卖方的信任度普遍较低。在这种情况下,网络中介如果具有较高的信誉,买方就会将其作为信任的第三方,即买方通过对网络中介(信誉的第三方)的信任实现了与卖方进行交易的信任。因此,企业可以选择一些信誉度高的网站发布自己的产品信息。

(二)增强有效营销信息的甄别能力

与信息传递不同,信息甄别是通过委托人的信息决策来获得代理人的信息,从而减少信息不对称。利用互联网的交互性,可建立有效的信息甄别机制。企业可以通过网站设计多种交易方案,由消费者进行选择,企业根据消费者的不同选择,将顾客分为不同的类型,即实现信息甄别。

三、针对网上非理性消费行为的策略

传统意义上的消费行为分为两类:理性消费和非理性消费。理性消费是指消费者在收入允许的条件下,按照追求效用最大化原则进行的消费。非理性消费是指消费者在各种因素影响下做出的"不合理"的消费决策,它是消费者不按追求效用的最大化进行消费,或是消费时没有考虑收入的约束,或是按边际效用递减规律进行消费,或是对消费品的判断失误。

但是对非理性消费要一分为二地正确看待。在产品越来越丰富的今天,对于社会上表现出的过度消费、奢侈消费、崇洋消费、炫富消费等不良消费行为应当摒弃。

然而,对于商家和消费者来说,非理性消费也是不可或缺的,尤其是非理性消费对于产品的成长、发展和优胜劣汰具有重要的意义。因此,企业一方面要引导消费者形成文明、健康、科学的消费方式,实现理性消费,另一方面也要合理利用非理性消费空间积极展开营销。网络营销在这两方面都将发挥重要的作用。

(一)网上非理性消费行为的表现

网络作为社会的一部分,也不可避免地出现非理性的消费行为。由于网上购物可节约时间、精力,以及价格更优惠等方面的原因,使越来越多的消费者对网上购买行为

产生了积极的意向。但是,面对网络市场中丰富的商品选择和形式多样的促销活动,网上非理性消费行为也日益凸显,主要表现在以下四个方面。

1. 网络集群效应

2009 年 7 月,市场调研机构尼尔森公司发表了一份针对全球 50 个国家所做的消费者在线研究,结果指出,个人口碑推荐与消费者在网上的推荐与评价,已超越传统电视与杂志广告,成为全球网络消费者最相信的广告形式,的确,口碑传播效应在互联网环境中表现得更为突出。不管是现实环境还是网络环境,各种形式多样、名副其实的商业广告,使消费者对广告产生排斥心理,相比之下,他们更愿意接受来自生活圈子周围口碑的"感染"。而随着上网成为人们日常生活的一部分,来自各种网络论坛、网络社区的口碑越来越多地影响着消费者的网上消费行为。经常可以看到这样的现象:只要某种产品被一些人推荐,很快就会导致更多的网友追捧。互联网已成为信息的集散地和社会舆论的放大器,于是不少商家利用这种"网络集群效应",免费发放试用产品,并鼓励试用者发表试用感受,甚至租用一些专业写手在网上发表各种评价,经过"网络包装",使一些在现实生活中原本默默无闻的品牌或商品成为网上的热销产品。由于网络的隐匿性,消费者难以辨别网上信息的真实性,因此容易受到网络口碑的影响,更容易产生群体交互和从众心理,采取非理性的消费行为。

2. 随意性购买行为大大增加

消费者在网上检索商品信息时,不可避免地会接触到其他商品的信息,由于许多商业网站都会利用信息技术根据消费者的搜索习惯或消费记录,向其推荐相关商品或列出感兴趣的链接,吸引消费者点击,从而使消费者在不知不觉中购买了原本不在购买计划之内的商品。

3. 单纯追求低价消费

趋向于购买低价产品是绝大多数消费者的本能,因此,网上商品价格低廉是他们偏好网络购物的原因之一。面对成千上万商业网站上"FREE"(免费)、"清仓价"的诱惑,相当一部分消费者在购买廉价商品时忽视了商家信誉、产品质量和售后服务等一系列问题。

(二)针对非理性消费的策略

1. 根据产品生命周期的不同阶段,及时调整营销的侧重点

研究表明,当产品的生命周期进入成熟阶段时,消费者的购买行为和商家的销售行为都会趋于理性化。在成熟市场中,产品的差异化程度很小,而相同级别产品的市场竞争者却很多。消费者因为对产品已经有相当程度的了解而对产品的构成、成本和购买后对于自己的实际意义有较清醒的认识。由于消费者在网上市场有很大的选择空间,市场透明度较高,因此,企业不能继续开展在产品导入阶段的概念炒作、赠送、借用名人、"秒杀"之类的限时、限量促销活动,以免对消费者造成过度的刺激,而应将营销的重点放到提高产品性价比、让利于消费者和提供良好的售后服务上来。

2. 正确地利用非理性消费开展营销

处于成长阶段的产品虽然面临着是否能被市场接纳的风险,但其面临的市场竞争者相对较少,产品差异化的优势比较明显。对企业来说,非理性消费在新兴市场的产品

和服务上是最容易出现和被刻意培育的。因此,企业完全可以利用自己与消费者之间的信息不对称,有意识地引导消费者的消费倾向。这种引导主要有三种方式。其一,开发新产品,并赋予产品功能新的概念。其二,通过对现有产品的新市场定位来引导消费者,一种常用的手法是将一些常规的产品融入某种文化,通过发掘消费者潜在的消费心理,并加以有意识引导,进而培植出其新的消费倾向。其三,将上述两种方式进行综合,即在现有成熟产品的基础上推出新的品牌,然后赋予其崭新的概念。消费者对这种类似产品的选择看起来是非理性的,但是这种非理性是源于消费者对于此产品的认可。

随着网络市场的日趋成熟,大多数网上消费者会从非理性消费区间进入理性消费区间,在这个过程中,那些不适合市场发展规律和消费者需求的产品将会被无情地淘汰,而消费者和企业在面对竞争激烈的市场时也会变得更加谨慎和成熟。

实训小任务

通过实际的观察和讨论,让同学们能够更好地了解消费者市场,了解消费者做购买决策时受到哪些因素的影响,消费者购买过程通常是怎样的,也为我们进一步为网络细分市场、制订营销方案等的学习做好准备。

假设现在同学们准备购买一台电脑,请同学们讨论整个理性的购买决策过程应该是怎样的。

1. 我们为什么要买电脑呢? 工作学习用还是娱乐休闲用? 要求具备哪些功能? 电脑的用途和功能对购买决策也有很大的影响,例如出差的人很可能需要的是笔记本电脑而不是台式机,如果是专业人士工作用也许对某些方面的配置会要求很高,而家庭娱乐用的话只需要一般的配置即可,而且各种人的心理要求也不同,追求时尚的人会对整体外观、颜色、款式非常敏感,而对功能可能只是一般的追求。

2. 在收集信息时,我们可以通过哪些途径和渠道呢?

家人、朋友、同学等我们信任的人或我们认为更专业的人,还有网络、报纸、杂志、专业书籍,或是直接到电脑城、专卖店去实地收集。

3. 比较评价中,对电脑的哪些特征会有要求?

CPU、硬盘、内存、主板、显示器、音箱、机箱,甚至外观颜色、款式等。

4. 通过比较评价后得出最佳方案了,在购买过程中是否会发生变动呢? 哪些因素会影响我们的决策?

电脑整体降价、营业员的诱导或广告的宣传等,导致我们的决策可能会发生变动。

5. 购买后我们会有什么样的反应和后续的行为?

在使用一段时间后我们会对购买的商品做出评价,如出现质量问题或是售后服务不当我们可能会去投诉、退货,而如果我们对购买的商品满意,那么我们会推荐他人也购买等。

现在,请同学们对观察到的购买行为进行多方面的分析,如:购买的心理动机是什么? 不同的人购买相同的商品是否会有相同的购买动机? 在整个购物过程中,购买者充当了什么角色? 是否购买者就是使用者和消费者?

第二篇

网络市场选择

项目四　网络市场调研

【学习目标】

1.掌握网络市场调研的含义；

2.理解网络市场调研的特点；

3.了解分析网络市场商务信息的因素；

4.掌握常用的网络市场调研方法并能够实施。

【引导案例】

庞大的网民规模

截至 2022 年 6 月,我国网络购物用户规模达 8.41 亿,占网民总数的 80.0%。2022年上半年,全国网上零售额达 6.3 万亿元,同比增长 3.1%。其中实物商品网上零售额达 5.45 万亿元,同比增长 5.6%,占社会消费品零售总额的比重为 25.9%,较上年同期提升 2.2 个百分点。

从上面数据可以看到越来越多的人跟上了互联网时代的步伐,享受信息社会的便利,而网络消费作为数字经济的重要组成部分,在促进消费市场蓬勃发展方面正在发挥日趋重要的作用,网络市场值得被不断探索与研究。

任务一　认识网络市场

一、网络市场的发展

经过 20 多年的发展,我国互联网已全面进入 Web 2.0 时代,越来越多的网民参与到网络内容的生产和文化建设中,互联网上的网络市场是今天和未来最有潜力的新兴市场。

(一)网络市场演变的阶段

从网络市场交易的方式和范围看,网络市场经历了3个发展阶段。

第一阶段:生产者内部网络市场阶段。

20世纪60年代末,西欧和北美的一些大企业用电子方式进行数据、表格等信息的交换,两个贸易伙伴之间依靠计算机直接通信传递具有特定内容的商业文件,这就是所谓的电子数据交换(EDI)。从70年代以来,美国认可标准委员会陆续制定了许多有关EDI的国家标准。80年代,计算机辅助设计、辅助工程技术和辅助制造系统的广泛应用,使工程师、设计师和技术员得以通过公司内部通信网传送设计图纸、技术说明等文件。1996年2月,我国外经贸部成立了国际贸易EDI中心,即中国国际电子商务中心(CIECC)。借助中国电信公用网,中国国际电子商务中心实现了与联合国全球贸易网等国际商务网络的连接,并在全国33个城市开通了节点(连网点)。这种先进、高效的贸易方式很快吸引了国内外众多外贸与进出口企业的加入。

第二阶段:国内的、全球的生产者网络市场和消费者网络市场。

企业用互联网向国内的或全球的消费者提供商品和服务。其最大特征是消费者的主动性,它从根本上改变了传统的推销方法,即演变为消费者的"个人行销"导向。"在线浏览、离线交易"的交易方式是我国和全球在该阶段主要的网络交易方式。1998年11月12日,北京成立了电子商务工程领导小组,这标志着基于互联网的电子商务在北京正式实施。

第三阶段:"在线浏览、在线交易"阶段。

这是网络市场发展的最高境界,网络不再仅仅被用来进行信息发布,而是实现在线交易。这一阶段到来的前提条件是产品和服务的流通过程、交易过程、支付过程实现数字化、信息化和电子化,其中最关键的是支付过程的电子化,即电子货币、电子银行、电子支付系统以及提高该过程的规范性、可靠性和安全性。

(二)网络市场的现状

目前,从网络市场交易的主体看,网络市场可以分为企业对消费者、企业对企业、国际性交易3种类型。企业对消费者的网上营销基本上等同于电子化的零售商务。企业对企业的网络营销是指企业使用互联网向供应商订货、签约、接受发票和付款(包括电子资金转移、信用卡、银行托收等)以及解决商贸中出现的其他问题,如索赔、商品发货管理和运输跟踪等环节。国际性的网络营销是不同国家之间,企业对企业或企业对消费者的电子商务。

(三)网络市场的发展趋势

随着互联网的迅速发展,集计算技术、网络技术和信息技术为一体的网络营销已对传统的贸易方式形成巨大冲击,并以其快捷、方便、高效率和高效益的显著优势成为21世纪国际、国内贸易的主要方式。不久,一个全新的、无接触的、虚拟的"电子空间市场时代"即将到来。

1. 互联网加速普及

作为网络营销基础设施的硬件技术和软件技术已基本成熟。目前,全球的大企业乃至中小企业都在快速地推进自身的信息化、数字化建设,这将使企业的内部结构发生实质性的变化:生产系统的智能化、组织管理过程的信息化、业务流程的精简化、数据信息交换的敏捷化等。

个人移动终端的日益普及或现有家用电器的信息化、网络化,是新的"电子空间市场时代"到来的基础。这些都意味着人们的生产、生活、工作和学习,乃至休闲和娱乐都将走向电子化、信息化和网络化。

2. 世界经济的全球化和网络化

如今,电子商务的网络营销理念席卷全球,众多企业已深刻地认识到经济全球化和网络化的最佳途径是发展电子商务。从互联网、企业内部网(Intranet)到万维网等概念的提出,从 IBM 公司的电子商务到北大方正的电子管理等解决方案的出现,标志着现代企业力图通过电子商务把自己的触角伸到世界的每一个角落,通过网络营销抢占市场竞争制高点,力争成为网络市场竞争的赢家。

3. 全球消费者的网络购物观念和网际生活方式正在快速形成

随着微电子技术、软件技术和网络通信的发展,家用计算机将具备可视化能力。可视网络营销会提供一个"虚拟现实"的多媒体环境,让人们在网上购物的过程中有身临其境的感觉,以生动的动画、视频图像,配合文字和声音等多媒体信息,使消费者挑选商品时有近似真实的感觉。消费者生活方式和购物方式的新变化为商家的网络营销活动提供了巨大的空间。运用网络邮购的最大特征是消费主动性掌握在买方手中。因此,根本上改变了网络零售商向顾客推销的方法,也就是变为消费者主导的个性化消费。

总之,随着信息时代的到来,人类的生产方式与生活方式将以开放型和网络型为导向,这是社会发展的必然结果。21 世纪将是一个无接触的、网络化的时代,网络营销将是每一个商家的必然选择。

二、网络市场的概念与特征

网络市场是以现代信息技术为支撑,以互联网为媒介,以离散的、无中心的、多元网状的立体结构和运作模式为特征,信息瞬间形成、即时传播,实时互动、高度共享的人机界面构成的交易组织形式。

随着互联网的盛行,利用无国界、无区域界限的互联网来销售商品或提供服务,已成为买卖双方的新选择。互联网上的网络市场成为 21 世纪最有发展潜力的新兴市场。从市场运作机制看,网络市场具有如下五个基本特征。

(一)无店铺的经营方式

运作于网络市场上的是虚拟商店,不需要店面、装潢、摆放的实物等。

(二)无存货的经营形式

网上的商店可以在接到顾客订单后,再向制造的厂家订货,而无须将商品陈列出来供顾客选择,只需在网页上打出货物菜单以供选择。

(三)成本低廉的竞争策略

网络市场上的虚拟商店,其成本主要涉及自设 Web 站点成本、软硬件费用、网络使用费以及维护费用。

(四)无时间限制的全天候经营

虚拟商店可以一天 24 小时、一年 365 天的持续营业。

(五)精简化的营销环节

顾客不必等服务人员回复电话,可以自行查询信息。顾客所需资讯可及时更新,企业和顾客可快速交换信息。网上营销使商家在市场中快人一步,迅速传递出商品信息。精明的营销人员能够借助联机通信所固有的互动功能,鼓励顾客参与产品更新换代,让他们选择颜色、装运方式,自行下订单。在定制、销售产品的过程中,为满足顾客的特殊要求,让顾客参与越多,售出产品的机会就越大。

任务二 网络市场调研分析

网络市场调研是指利用互联网系统收集、整理、分析和研究各种营销信息,为企业开展营销活动提供依据。

一、网络市场调研策略

网络市场调研的目的是收集网络购物者和潜在顾客的信息,充分利用网络调研的优势,加强与消费者的沟通、理解并建立友谊,优化营销策略并服务于顾客。而要达到这一目的的前提是让更多的顾客访问企业的站点。市场营销调研人员可以有针对性地制作网上调研表单,顾客可以发回反馈表并参加交互调查或反馈征询信息,市场营销调研人员才能掌握更多、更翔实的市场信息。

网络市场调研的策略主要包括如何识别企业站点的访问者,以及如何有效地在企业站点上进行市场调研。

(一)识别访问者并激励其访问企业站点

网络市场调研没有空间和地域范围限制,一切都是随机的,调研人员既无法预期谁是企业站点的访问者,也无法确定调研对象(样本),即使是对于在网上购买企业产品的消费者,确知其身份、职业、性别、年龄等也是一个很复杂的问题。因此,网络市场调研的关键之一是如何鉴别并吸引更多的访问者,使他们有兴趣在企业站点上进行双向的网上交流。

1. 利用电子邮件或来客登记簿获得市场信息

电子邮件和来客登记簿是因特网上企业与顾客交流的重要工具和手段,电子邮件可以附有 HTML 表单,访问者可以在表单界面上点击相关主题并且填写附有收件人电子邮件地址的有关信息,然后发回企业。来客登记簿是让访问者填写并发回企业的表单。比如,在确定访问者的邮编后,就可以知道访问者所在的国家、地区、省(区、市)等地域分布范围;对访问者回复的信息进行分类统计,就可以进一步对市场进行细分,而市场细分是企业制定营销策略的重要依据之一。

2. 科学地设计调研问卷

一个成功的调查问卷应具备两个功能:一是能将所调查的问题明确地传达给访问者;二是设法取得对方的合作,使访问者能给予真实、准确的回复。但在实际的调研中,由于访问者的差异很大,还有调研人员的专业知识和技术水平的不同会影响调研的结果,因此,调查问卷的设计应遵循一定的原则(表4-1)。

表4-1　调查问卷设计原则

问卷设计原则	具体内容
目的性原则	询问的问题与调查的主题密切相关,重点突出
可接受性原则	访问者有回复哪一项、是否回复的自由,故问卷设计要让被调查者容易接受
简明性原则	询问内容要简明扼要,使访问者易读、易懂,而且回复内容也简短省时
匹配性原则	对访问者的回复要便于处理和分析,以提高市场调研工作的效率

问卷的简明性和可接受性

访问者在阅读问卷时,往往要求问题简洁明了,回答省时省力,这对问卷设计的可接受性和简明性要求很高。关于个人隐私的问题不应该出现在调查问卷中,以免引起访问者的反感。为了简明,调查问卷设计应多采取二项选择法、顺位法、对比法等技巧,对调查问卷中问题的答案应给访问者提供相应的选项,以方便访问者回答。在设计调查问卷时,调研人员应在每个问题后设置两个按钮(yes,no),让访问者直观地表达他们的观点。

3. 给访问者奖励以激发其参与调研的积极性

一般的网络访问者担心个人站点被侵犯而可能发回不准确的信息,为此企业可根据实际情况,给访问者一定的奖品或给访问者购买商品一定的折扣优惠,企业就可获得比较真实的访问者的姓名、住址和电子邮件地址。同时,当访问者按要求回复调查问卷时,企业应对其进行公告,被公告的访问者在一定期间内可进行抽奖等。

4. 在网络上建立情感的纽带

在企业站点上不仅仅展示产品的图片、文字等,而且要有针对性地提供公众感兴趣的时装、音乐、电影、家庭乃至幽默等有关话题,以大量有价值的、与企业产品相辅相成的信息和免费软件吸引大量的访问者,促使访问者乐于告诉你有关个人的真实情况。逐步与访问者在网上建立友谊和感情的桥梁,达到网上市场调研的目的。

(二)网络站点上的市场调研

市场调研人员在企业站点上进行网络调研应注意以下几个问题。

1. 调整调查问卷内容组合以吸引访问者

与传统的市场调研问卷相比,网络调研的最大优势是可以极方便地随时调整、修改调查问卷上的内容,可以实现不同调研内容的组合,例如产品的性能、款式、价格以及网络订购的程序、如何付款、如何配送产品等,使调研主页对访问者更有吸引力。

2. 监控在线服务

企业营销调研人员可通过监控在线服务了解访问者主要浏览哪类企业、哪类产品的主页、挑选和购买何种产品等基本情况,进而经过统计分析,对顾客的地域分布、产品偏好、购买时间以及行业内产品竞争态势做出初步的判断。

3. 有针对性地跟踪目标顾客

市场调研人员可直接使用顾客或者潜在顾客的电子邮件地址询问他们关于产品和服务的信息,并请他们反馈。也可以在企业网站设置让顾客自由发表意见和建议的板块,请他们发表对企业、产品、服务等各方面的见解和期望。通过这些信息,调研人员可以把握产品的市场潮流以及消费者的消费心理、消费爱好、消费倾向的变化,根据这些变化来调整企业的产品结构和市场营销策略,以网页内容的差别化赢得访问者。

4. 传统市场调研和电子邮件相结合

企业市场调研人员也可以在各种传播媒体(如报纸、杂志或电视)上刊登、播出相关的调查问卷,并公告企业的电子邮箱和网址,让消费者通过电子邮件回答所要调研的问题,以此收集市场信息。采用这种方法,调研的范围比较广,同时可以减少市场调研中相应的人力和物力的消耗。

5. 通过产品的网上竞卖掌握市场信息

对于企业推出的新产品,可以通过网上竞卖,了解消费者的倾向和心理,掌握市场趋势,从而制定相应的市场营销策略。竞卖活动期间,企业可以每隔 5 分钟公布一次最新竞价排行榜,并随时通报竞标进展情况。通过网上竞卖,企业市场调研人员可以掌握有关的市场信息,并以此为依据对未来的市场趋势做出理性的分析与判断。

6. 测试产品不同的性能、款式、价格、名称和广告页

在因特网上,修改调研问卷的内容是很方便的,因此,营销人员可方便地设计不同

的调研内容的组合,产品的性能、款式、价格、名称和广告页等顾客比较敏感的因素,更是市场调研中的重要内容。通过不同因素组合的测试,营销人员能分析出哪些因素对产品来说是最重要的,哪些因素的组合对顾客来说是最有吸引力的。

二、网络市场调研的步骤

网络市场调研一般包括以下几个步骤。

(一)明确问题与确定调研目标

在开始网上搜索时,头脑里要有一个清晰的目标并留心去寻找。一些可以设定的目标是:

(1)谁有可能在网上使用你的产品或服务?

(2)谁是最有可能购买你提供的产品或服务的客户?

(3)你所在的行业,谁已经通过网络进行营销? 他们在干什么?

(4)你的客户对你的竞争者的印象如何?

(5)在企业的日常运作中,可能要受哪些法律、法规的约束? 如何规避?

(二)制订调查计划

网上市场调研的第二个步骤是制订出最为有效的信息搜索计划。具体来说,要确定资料来源、调查方法、调查手段、抽样方案和联系方法(表 4-2)。

表 4-2　调查计划的内容

计划项目	项目操作方法
资料来源	确定收集的是二手资料还是一手资料(原始资料)
调查方法	网上市场调查可使用专题讨论法、问卷调查法和实验法
调查手段	可使用在线问卷、交互式电脑辅助电话访谈系统、网络调研软件系统
抽样方案	要确定抽样单位、样本规模和抽样程序
联系方法	采取网上交流形式,如通过 E-mail 传输问卷、参加网上论坛等

在调查手段中,在线问卷的特点是制作简单、分发迅速、回收方便,但要注意问卷的设计水平。交互式电脑辅助电话访谈系统,是利用一种软件程序在电脑辅助电话访谈系统上设计问卷结构并在网上传输。互联网服务器直接与数据库连接,对收集到的被访者答案直接进行储存。网络调研软件系统,是专门为网络调研设计的问卷链接及传输软件,它包括整体问卷设计、网络服务器、数据库和数据传输程序。

(三)收集信息

收集信息的方法很简单,直接在网上递交或下载即可,这与传统市场调研的收集资料方式有很大的区别。例如,某企业要了解各国对某一国际品牌的看法,只需在一些著名的全球性广告站点发布广告,把链接指向公司的调查表就行了,而无须像传统的市场调研那样,在各国找不同的代理分别实施。诸如此类的调查,如果利用传统的方法是很难实施的。

在问卷回答中,访问者经常会有意无意地漏掉一些信息,这可通过在页面中嵌入脚本或通用网关接口(common gateway interface,CGI)程序进行实时监控。如果访问者遗漏了问卷上的一些内容,其程序会拒绝递交调查表或者验证后重发给访问者要求补填。最终,访问者会收到证实问卷已完成的公告。在线问卷的缺点是无法保证问卷上所填信息的真实性。

(四)分析信息

收集信息后要做的是分析信息,这一步非常关键,"答案不在信息中,而在调查人员头脑中"。调查人员能否从数据中提炼出与调查目标相关的信息,直接影响到最终的结果。要使用一些数据分析技术,如交叉列表分析技术、概括技术、综合指标分析和动态分析等,目前国际上较为通用的分析软件有 SPSS、SAS 等。网上信息的一大特征是即时呈现,而且很多竞争者还可能从一些知名的商业网站上看到同样的信息,因此分析信息的能力相当重要,它能使你在动态的变化中捕捉到商机。

(五)提交报告

调研报告的撰写是整个调研活动的最后一个阶段。报告不是数据和资料的简单堆砌,调研人员不能把大量的数字和复杂的统计技术扔到管理人员面前,否则就失去了调研的价值。正确的做法是,把与市场营销决策有关的主要调查结果提炼出来,并以调查报告的格式写作。

作为对填表者的一种奖励,网上调查应尽可能地把调查报告的全部结果反馈给填表者或广大读者,如果限定为填表者,只需分配给填表者一个密码。对一些"举手之劳"式的简单调查,如果以互动的形式公布统计结果,那么效果更佳。

任务三　网络市场调研的实施

一、通过网络营销信息寻找目标客户

(一)网络营销信息的来源

1. 传统意义上的信息的主要来源

非正式的信息交流方式,如面对面交流、打电话、微信等。

半正式的信息交流方式,指一些非正式出版机构的内部工作报告、内部出版物、通讯报道、政府工作报告的打印件、机构情况介绍、会议论文的油印本、学位论文、教师的教案、样本介绍等。

正式信息交流方式,指经过由社会认可的出版机构正式出版发行的各类信息,如图书、期刊、报纸、标准、技术报告、音像制品等。

2. 网络信息的来源

非正式出版信息,包括电子邮件、新闻组、BBS、电子会议等。

半正式出版信息,包括各学术团体、教育研究机构、企业、政府机构和国际组织、行业协会等各种网站所提供的尚未正式出版的信息。在传统媒介中,这一类信息的传播是比较困难的,而在网络中,这类信息的交流却十分便捷与频繁。

正式出版物,指在网上正式发行的电子杂志、电子出版物、新闻网站发布的新闻(如文字、图像、音频、视频新闻)、各种数据库等。

(二)网络营销信息收集

所谓网络营销信息收集,是指为了更好地掌握和使用网络营销信息而对其进行的聚合和集中,具体收集方法见表4-3。

表4-3 网络营销信息收集方法

信息收集方法	具体操作	目的
利用检索工具	目录服务、搜索引擎和元搜索引擎	主要利用搜索引擎工具来完成收集信息的任务
网站跟踪法	对一些提供信息的网站进行定期跟踪;对有价值的信息及时收集记录;对特定的调研项目,在一定时期内对某些领域的信息进行跟踪	能够全面、及时地检索到所有信息
加入邮件列表	将一些有价值的信息以新闻邮件、电子刊物等形式免费向用户发送	为了维持与用户的关系,省去跟踪大量网站所占用的大量时间
利用在线调查表	在线调查表是问卷调查法在互联网上的延伸	利用企业网站的这个功能收集相关信息
电子邮件调查	将设计好的调查表直接发送到被调查者的邮箱中,或者在电子邮件正文中给出一个网址链接到在线调查表页面	可以获得较高的问卷回收率,收集较多的有关信息
利用用户收集信息	在与用户的交流中获得有关信息,利用网上调查来获得用户的信息	这是积极的信息采集手段,获得的信息带有一定的独家性,可提高网站信息质量和竞争力

网上调查需要注意以下几个问题:选择适合做网上调查的主体、网上调查样本的合理性、网上调查的程序与方法。另外,在通过与用户交流获得信息的方式中,应注意辨别信息的真伪,确保获得真正的用户信息。

(三)网络营销信息检索

网络营销信息检索,就是网络营销调研人员根据网络营销调研目的,按照网络营销调研计划,适应网络营销决策的信息要求,利用计算机网络检索硬件设备、软件程序,从互联网信息中及时、准确、适度、经济地获得所需信息的一种间接的营销调研方法。在互联网上,完成这种工作的是各种搜索工具——搜索引擎。

(四)网络市场调研信息的整理与分析

收集到的信息往往是杂乱零散的,不能反映系统的全貌,甚至收集到的信息中可能还有一些是过时的或无用的信息。信息的整理就是将获取和储存的信息条理化和有序化,其目的在于提高信息的价值和提取效率,发现所储存信息的内部联系,为信息的加工做好准备。信息的整理一般按照以下几个步骤来完成。

1. 确认信息时效,明确信息来源

通过网络调查得到的信息,特别是通过搜索引擎得到的二手资料,时间范围往往相差很大,因此,在信息整理过程中要注意确认所收集到的资料的时效性,努力收集最新信息,滤出过时信息。对于重要信息,一定要有准确的信息来源,没有下载信息来源的,一定要重新检索补上,一方面以后还可以再次查询,另一方面也是进一步核实信息真实性、可靠性的需要。

2. 去伪存真,去粗取精,初步筛选

在浏览和分类过程中,对所得到的大量信息有一个初步筛选的任务。对于虚假、错误与过时的信息和完全没有用的信息应当及时删去;对于不十分可靠与可信的信息应该进一步确认和核实。对于各类有用的信息也需要按照可靠程度或真实程度分类管理。

3. 浏览信息内容,添加明确文件名

从互联网上下载的文件,一般都是沿用原有网站提供的文件名,这些文件名基本上都是由数字或字母构成的,以后使用起来很不方便。因此,从网上下载文件后,需要将文件重新浏览一遍,添加一个适合信息分类、储存和查询的文件名。

4. 按专题分类归档,方便检索调用

从互联网上收集到的信息通常杂乱无章、良莠不齐,必须通过整理才能够使用。信息量不大时可以采用专题分类的方法进行管理,如果信息量很大,则应该建立自己的信息检索系统,需要信息时,随时可以检索调用。

5. 网络市场调研信息的分析和应用

分析网络市场调研信息的目的就是针对具体应用,抽取与商业数据有关的部分,对它进行加工、运算,得到期望的数据形式。

(五)寻找目标客户

在初步调研掌握一定市场信息的基础上,开始发布营销信息,寻找目标客户。

1. 网络营销信息发布

作为供应商或客户都会遇到信息发布的问题,那么如何来发布网络营销信息呢?

这一问题在互联网上任意一家商业网站都能解决,例如在阿里巴巴网站发布求购信息和供应信息。

(1)发布商业信息。企业发布商业信息有以下两点好处:一是80%的客户通过搜索商业信息寻找客户,并且发布商业信息可以让更多的客户找到你;二是提高产品的曝光率,增加产品成交的机会。

可以通过以下方式发布商业信息:进入阿里巴巴网站,在首页点击"阿里助手",输入会员登录名和密码。点击"商业信息/发布商业信息",填写产品相关资料并上传图片,预览信息,确认无误后点击"我要发布"即可。

(2)商业信息管理。商业信息管理就是对发布的商业信息进行查看、重发、修改、撤销和删除的管理操作,如图 4-1 所示。

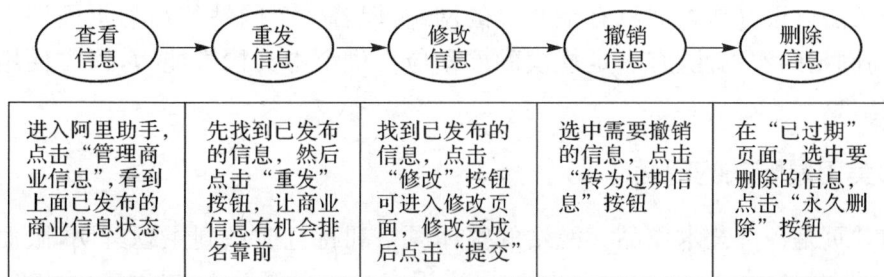

图 4-1　商业信息管理方法及步骤

2.发布企业介绍

(1)发布企业介绍的好处。发布企业介绍能使客户在网站上找到企业信息,更多地了解企业情况。翔实的企业介绍可以赢得忠诚的客户和潜在客户的信任。

(2)发布企业介绍。发布企业介绍与发布商业信息的操作方法相同,即在首页点击"阿里助手",输入会员登录名和密码,打开"阿里助手"后点击"企业介绍",填写好企业资料,点击"全部完成,提交"按钮即可。

除发布企业介绍外,还可发布企业图片,具体操作步骤是:在"阿里助手"首页,点击"发布图片",点击"上传企业图片",选择要上传的企业图片并编辑说明,确认无误后点击"提交"即可。

(3)修改企业介绍。修改企业介绍与发布企业介绍的步骤相似,唯一不同的是要点击链接"点击这里"才能进入修改企业介绍的页面,在已上传的企业介绍的基础上进行修改。

(4)订阅商机快递。订阅商机快递的步骤是:在"阿里助手"页面,点击"我关注的商机",再点击"订阅最新商机",确认订阅即可。

二、网络市场调研的技巧

(一)明确网站的定位与用户的需求

Web 站点的设计应体现企业发展战略,围绕企业的商业目标和市场营销目标,明确我们应给用户和潜在客户提供一些怎样的信息。同时应换一个角度,站在用户的角度来审视自己的工作。必须清楚地了解本网站受众群体的基本情况,如受教育程度、收入水平、需要信息的范围与深度。

(二)信息内容永远是网站的生命线

只把主页设计得尽量漂亮,以此让网站吸引住浏览者,这种观点的片面性越来越清楚地被人们所认识,因为吸引力太短暂了。信息内容的翔实与时效性是网站的生命力所在,而且一定要在首页中显示最新的网页目录,以便浏览。

(三)网站内容检索结构合理是好用的保证

用遍历法可很好地查询只有十几页的网站,但若一个网站的信息页面层次结构较多,为提高网站的实用性,有一定规模的网站应提供全中文检索能力,以方便用户查找本网站的信息。

(四)美工是网站的门面

好的首页是一件艺术作品。网站的整体风格和特色应做到主题鲜明,版面应通过文字图形的空间组合表达和谐美。同时可采用多媒体表现手法,提供华丽的图像、闪烁的灯光、复杂的页面布景,甚至可使用声音与录像片等,使整个网页生辉。色彩是艺术表现的要素之一,根据色彩对人们的心理影响与人们的使用习惯,可组合搭配出和谐、均衡和重点突出的视觉表现效果。

(五)注重网站信息的交互能力

尽量让浏览者参与网站信息内容的建设与经营,当浏览者能够方便地和信息发布者交流时,网站的魅力就能充分地发挥出来,游戏网站的成功就是一个很好的例子。因此在企业的 Web 站点上,要认真回复用户的电子邮件,最好将用户的用意进行分类,由相关部门处理,使网站访问者感受到企业的真实存在并由此产生信任感。

(六)宣传推广网站地址

像对待商标一样利用传统媒体宣传企业的网址;与其他网站交换链接或购买其他网站的图标广告;在 Internet 的导航台提交本站点的网址和关键词;在网站上开展各项有奖活动等。

(七)借助市场调研公司

通过专业的市场调研公司可提高调研成功率和专业水平,一些专业的调研公司有央视市场调研、上海尼尔森市场研究有限公司、北京特恩斯市场研究咨询有限公司、北京益普索市场咨询有限公司、新华信国际信息咨询(北京)有限公司、零点研究咨询集团等。

实训小任务

1. 请登录以下网站,查看自己感兴趣的主题内容。

◇阿里研究院:http://www.aliresearch.com

◇中文互联网数据资讯中心:http://www.199it.com

◇艾瑞网:http://www.iresearch.cn

◇中国互联网络信息中心:http://www.cnnic.net.cn

2. 网上问卷设计

本次实训我们将以"问卷星"网站为操作平台(https://www.wjx.cn)。请结合自己的专业拟订一份调查问卷,完成后,请将你本次拟订的调查问卷发至教师的邮箱。

项目五 网络市场细分与定位

【学习目标】

1. 了解我国网络市场的特征与类型；
2. 理解网络市场细分的概念与标准；
3. 掌握网络市场细分的方法；
4. 理解网络目标市场的选择策略；
5. 掌握网络市场定位的方法。

【引导案例】

三只松鼠：着眼细分市场，做成大众品牌

还记得那个卖萌、卖坚果卖成第一名的三只松鼠吗？如今，三只松鼠已是互联网上这一类目的领导品牌了。由于个性化的标签和较强的粉丝黏性，也由于竞争的压力相对比较小，反而适合一些中小型企业的生存，甚至有很多企业从细分市场做起，最后成长为大众品牌。三只松鼠就是典型的一个例子。

1. 着眼细分品类，只做坚果类的老大

三只松鼠在成立之初，可以说目标和定位就是非常明确的，那就是只做坚果这个类目，而三只松鼠的品牌形象跟这个定位也是非常切合的，因为我们都知道，松鼠爱吃坚果。拟人化的形象加上专做坚果品类，让很多的消费者都记住了它。

其实，这种消费者对于细分品类的需求，来自消费升级，大众对零食的要求已经不仅仅满足于单一的品类，而是趋向于多元化，只做垂直领域，会让很多消费者认为这个品牌是该领域的专家，对于树立品牌形象是非常好的。

2. 打造IP，病毒式植入

三只松鼠让人印象最深刻的，就是它的病毒式植入，在很多热门电视剧，都能看到它们的身影，或者是某个主角购买了的零食，或者是三只松鼠的公仔放在某个地方，反正就是让你想看不到也难。但是由于松鼠的可爱形象，大家对植入广告也都觉得很可爱，效果也很好。

但是三只松鼠不仅仅满足于作为植入广告的形式出现，它也打造了属于自己的IP，

除了公仔、抱枕等,还推出了三只松鼠的动画片,这对于营造品牌形象,可以说是非常有利的。

3.营造场景,将产品生活化

三只松鼠非常擅长的就是营造生活化的场景,它按照目标群体的不同进行不同的生活化宣传,激发人们的购买欲望。对于白领,三只松鼠就是白领可以放在办公桌上的零食,而对于学生,三只松鼠则打造"学生包装"并且在电视剧里植入,成为学生爱吃的零食。每逢春节又以春节伴手礼的形象出现,可以说为产品赋予了故事性。

4.打破天花板,拓展更多市场

随着坚果类食品的销售额增速放缓,三只松鼠利用自身的优势开始拓展其他的同类产品。可以说在这个阶段,三只松鼠已经成为品牌,并且拥有了销售的相关数据,也了解了经常购买三只松鼠的人群的特点,所以也通过同类产品的增长,继续霸占该细分市场老大的位置。

从三只松鼠的案例来看,更多的中小型企业,应该把目光投向细分品类,先做精,再做强,最后再做大,这样才能最大程度地规避激烈的市场竞争,在小而美的领域中发挥价值。

(资料来源:https://www.hougebiji.com/4926.html)

任务一　网络市场细分

一、网络市场细分的概念和作用

(一)网络市场细分概述

20世纪50年代,美国著名的市场学家温德尔·R.史密斯(Wendell R. Smith)提出市场细分的概念。市场细分是企业根据消费者需求的不同把整个市场划分成不同的消费者群的过程,其客观基础是消费者需求的多样性。进行市场细分的主要依据是异质市场中需求一致的顾客群,其实质主要是在异质市场中求同质,其目标是把需求相同的消费者聚合到一起。

当前,网络的发展、买方市场的形成、网民的多样化都成为网络营销市场细分的前提。网络市场细分是指企业在调查研究的基础上,依据网络消费者的购买欲望、购买动机与习惯爱好的差异性,把网络营销的对象划分成不同类型的群体,每个消费群体构成企业的一个细分市场。网络营销市场可以分成若干个细分市场,每个细分市场都由需求和愿望大体相同的消费者组成。在同一细分市场内部,消费者需求大致相同,不同细分市场之间,则存在明显差异性。

(二)网络细分市场的作用

市场是一个综合体,是多层次、多元化的消费需求的集合体,任何企业都不可能满足所有消费者的需求。企业网络营销要取得理想的效果,就得定义自己的目标市场,为自己定义的目标市场中的客户服务。网络市场细分是企业进行网络营销的一个非常重要的战略步骤,是企业认识网络营销市场、研究网络营销市场,进而选择网络目标市场的基础和前提。具体来说,网络营销市场细分有以下三个方面的作用。

1.有利于企业发掘和开拓新的市场

对企业而言,网络消费者尚未满足的需求往往是潜在的,一般不易被发现。在调查基础上的市场细分,可以使企业深入了解网络市场顾客的不同需求,并根据各子市场的潜在购买数量、竞争状况及本企业实力的综合分析,发掘新的市场机会,开拓新的市场。

2.有利于制定和调整市场营销组合策略

网络市场细分是运用网络营销策略的前提。企业在对网络营销市场细分后,细分市场的规模、特点清楚了,消费者的需求明晰了,企业可以针对各细分市场制定和实施网络营销组合策略,做到有的放矢。

3.有利于集中使用企业资源,取得最佳营销效果

不管企业在网络营销中试图开展什么工作或者最后总的目的是什么,都将面对网络营销中的主要和次要目标市场。在网络营销中,企业不仅要确定自己的目标市场在哪里,还要确定哪些是主要的,哪些是次要的,从而选择对自己最有利的目标市场,合理使用企业有限的资源,以取得最理想的经济效益。

二、网络市场细分标准

网络为市场细分策略的实施提供了有利的条件。借助互联网,企业不仅可以为自己的产品找到市场,而且能及时了解和掌握那些来自各种利基市场的信息,并利用各种网络营销工具和手段开展个性化的营销。市场细分需要依据一定的标准来进行。

(一)网络消费者市场细分

消费者市场细分的目的是识别消费者需求的差异性。按照市场营销理论,细分消费者市场的标准主要有两类:消费者的特性和消费者对产品的反应。目前,网络消费者市场细分的标准主要有地理因素、人口因素、心理因素、行为因素四类。

1.地理因素

互联网虽然打破了常规地理区域的限制,但是不同地理区域之间的人口、文化、经济等差异将会长期存在。目前,我国区域经济的不平衡性,在网民的分布上明显呈现出东部沿海地区和中西部地区的不平衡性,这一特点也就构成了企业在网络市场细分过程中需要考虑的一个重要因素。

地理细分是指按照消费者所处的地理位置、自然环境来细分市场,比如,根据国家、

地区、城市规模、气候、人口密度、地形地貌等方面的差异将整体市场分为不同的细分市场。

地理因素之所以作为市场细分的标准，是因为处在不同地理环境下的消费者对于同一类产品往往有不同的需求与偏好，他们对企业采取的营销策略与措施会有不同的反应。比如，在我国南方沿海一些省份，某些海产品被视为上等佳肴，而内地的许多消费者则觉得味道平常。又如，由于居住环境的差异，城市居民与农村居民在室内装饰用品的需求上大相径庭。

地理变量易于识别，是细分市场应予以考虑的重要因素，但处于同一地理位置的消费者需求仍会有很大差异。比如，在我国的一些大城市，像北京、上海，流动人口比较多，这些流动人口本身就构成一个很大的市场，很显然，这一市场有许多不同于常住人口市场的需求特点。所以，简单地以某一地理特征区分市场，不一定能真实地反映消费者的需求共性与差异，企业在选择目标市场时，还需结合其他细分变量予以综合考虑。

2.人口因素

消费者需求、偏好与人口统计变量有很密切的关系。人口统计变量较容易衡量，有关数据也相对较容易获取，由此构成了企业经常以它作为市场细分标准的重要原因。人口因素包括以下几种：

（1）性别。男性与女性在产品需求与偏好上有很大不同，如在服饰、鞋帽、化妆品等方面的需求明显有别。像美国的一些汽车制造商，过去一直是迎合男性要求设计汽车，现在，随着越来越多的女性参加工作和社会经济地位的改变和提高，这些汽车制造商正研究市场机会，设计具有吸引女性消费者特点的汽车。

（2）年龄。不同年龄的消费者对商品需求的特征也有着明显的差异。一般来说，儿童需要玩具、食品、童装、儿童读物；青年人则需要学习、体育和文娱用品；老年人需要营养品与医疗保健用品等。按年龄细分市场，有利于满足各年龄层次的消费者的特定需要。因此，企业必须掌握网络消费者的年龄结构、各年龄段的消费者占整个消费者群体的比重及各年龄段消费者的需求特点。

（3）收入。不同收入的消费者对商品的需求也有明显的差异。一般而言，低收入者对商品价格会比较敏感，而高收入者更看重商品的品质以及购买的方便性。比如，同是外出旅游，在交通工具以及食宿地点的选择上，高收入者与低收入者会有很大的不同。再如，目前我国学生在网民中所占的比重较大，而有网上消费记录的却不多，这在很大程度上也是由于经济条件的制约。正因为收入是引起需求差别的一个直接而重要的因素，所以企业应该用不同档次、不同价格的商品去满足具有不同支付能力的消费者。

（4）职业与教育。按消费者职业的不同、所受教育的不同以及由此引起的需求差别细分市场。比如，教师、职员、工人、农民、学生等不同职业者，对商品的需求有明显的差异。又如，由于消费者所受教育水平的差异所引起的在兴趣、生活方式、文化素养、价值观念等方面的差异，会影响到他们的购买种类、购买行为、购买习惯等。不同消费者对居室装修用品的品种、颜色等有不同的偏好就是一个证明。

（5）家庭生命周期。一个家庭，按年龄、婚姻和子女状况等，可划分为七个阶段。在不同阶段,家庭购买力、家庭人员对商品的兴趣与偏好有较大差别。

除了上述方面,经常用于市场细分的人口变量还有家庭规模、民族、种族、宗教、国籍等。实际上,大多数企业通常采用两种或两种以上人口因素来细分市场。

3.心理因素

根据购买者所处的社会阶层、生活方式、个性特点等心理因素来细分市场就叫心理细分。近年来,随着互联网的普及,营销人员有机会接触各种具有特定生活方式的不同人群,因此他们开始频繁地使用心理细分的方法。

(1)社会阶层。社会阶层是指在某一社会中具有相对同质性的群体。处于同一阶层的成员具有类似的价值观、兴趣爱好和行为方式,不同阶层的成员则在上述方面存在较大的差异。很显然,识别不同社会阶层的消费者所具有的不同特点,将对很多产品的市场细分提供重要的依据。

(2)生活方式。通俗地讲,生活方式是指一个人怎样生活。人们追求的生活方式各不相同,有的追求新潮时髦,有的追求恬静、简朴,有的追求刺激、冒险,有的追求稳定、安逸。一些服装生产企业,为"简朴的妇女""时髦的妇女"和"有男子气的妇女"分别设计不同服装,烟草公司针对"挑战型吸烟者""随和型吸烟者"及"谨慎型吸烟者"推出不同品牌的香烟,均是依据生活方式细分市场。

(3)个性。个性是指一个人比较稳定的心理倾向与心理特征,它会导致一个人对其所处环境做出相对一致和持续不断的反应。俗语说:"人心不同,各如其面",每个人的个性都会有所不同。通常,个性会通过自信、自主、支配、顺从、保守、适应等性格特征表现出来。企业依据个性因素细分市场,可以为其产品更好地赋予品牌个性,以与相应的消费者个性相适应。

4.行为因素

根据购买者对产品的了解程度、态度、使用情况及反应等将他们划分成不同的群体,叫行为细分。许多人认为,行为变量能更直接地反映消费者的需求差异,因而成为市场细分的最佳起点。按行为因素细分市场主要包括:

(1)购买时机。根据消费者提出需要、购买和使用产品的不同时机,将他们划分成不同的群体。如有些商品是时令商品(如电扇、空调、取暖器等),有些商品是节日礼品或婚嫁特殊品,消费者购买时间有一定的规律性。

(2)追求利益。依据消费者通过购买、消费产品期望得到的主要利益,进行市场细分。消费者购买某种产品总是为了解决某类问题,满足某种需要。然而,产品提供的利益往往并不是单一的,而是多方面的。消费者对这些利益的追求时有侧重,如对购买手表有的追求经济实惠、价格低廉,有的追求耐用可靠和使用维修的方便,还有的偏向于显示出社会地位。

(3)使用者状况。根据顾客是否使用和使用程度细分市场,通常可分为经常购买者、首次购买者、潜在购买者、非购买者。大公司往往注重将潜在使用者变为实际使用者,较小的公司则注重于保持现有使用者,并设法吸引使用竞争产品的顾客转而使用本公司产品。

（4）品牌忠诚程度。企业还可根据消费者对产品的忠诚程度细分市场。有些消费者经常变换品牌，另外一些消费者则在较长时期内专注于某一品牌或少数几个品牌。通过了解消费者品牌忠诚情况，品牌忠诚者与品牌转换者的各种行为与心理特征，不仅可为企业细分市场提供基础，同时也有助于企业了解为什么有些消费者忠诚本企业产品，而另外一些消费者忠诚于竞争企业的产品，从而为企业选择目标市场提供启示。

（5）态度。企业还可根据市场上顾客对产品的热心程度来细分市场。不同消费者对同一产品的态度可能有很大差异，如有的持肯定态度，有的持否定态度，还有的持无所谓态度。针对持不同态度的消费群体在广告、促销等方面应当有所不同。

(二)网上产业市场细分

许多用于网络消费者市场细分的标准，同样可用于细分网上产业市场。但由于生产者与消费者在购买动机与行为上存在差别，所以除了运用前述消费者市场细分标准外，还可用其他标准来细分网上产业市场。

1. 用户规模

在网上产业市场中，大客户数量少，但每次购买量往往很大；而中小客户数量多，但每次购买量很小。用户规模不同，企业的营销组合方案也应该有所区别。网络营销中，借助顾客数据库，就可以对企业的用户按照采购数量实行分类管理，制定不同的营销策略。

2. 最终用户

在网上产业市场上，依据产品的最终用户细分企业用户群，在于强调某个产品在某个行业的最终用途。不同的最终用户（或产品不同的最终用途）对同一种产品追求的利益不同。企业分析产品的最终用户，就可以针对不同用户的不同需求制定不同的营销策略。

3. 企业购买状况

根据企业购买方式来细分市场。企业购买的主要方式包括直接重复购买、重复购买及新任务购买。不同的购买方式的采购程度、决策过程等不相同，因而可将整体市场细分为不同的子市场。

三、网络市场细分方法

根据细分程度的不同，网络市场有3种细分方法。

(一)完全细分

假如购买者的需求完全不同，那么每个购买者都可能是一个单独的市场，完全可以按照这个市场所包括的购买者数目进行最大限度的细分，即这个市场细分后的小市场数目也就是构成此市场的购买者数目。在实际市场营销中，有少数产品确实具有适于按照这种方法细分的特性。但在大多数情况下，要把每一购买者都当作一个市场，并分别生产符合这些单个购买者需要的各种产品,从经济效益上看是不可取的,而且实际上也是行不通的。因此,大多数企业还是按照购买者对产品的要求或对市场营销手段的不同反应,将他们做概括性分类。

(二)按一个影响需求的因素来细分

对某些通用性比较大、挑选性不太强的产品,往往可按其中一个影响购买者需求最强的因素来进行细分,如可按收入不同划分或按不同年龄范围划分。

(三)按两个或两个以上影响需求的因素来细分

大多数产品的销售都受购买者多种需求因素的影响,如不同年龄范围的消费者,因生理或心理的不同对许多消费品都有不同的要求;同一年龄范围的消费者,因收入情况不同,也会产生需求的差异;同一年龄范围和同一收入阶层的消费者,更会因性别、居住地区及许多其他情况不同而有纷繁复杂、互不相同的需求。因此,大多数产品都需按照两个或两个以上的因素进行细分。

任务二　网络目标市场选择

一、网络目标市场的含义与选择的条件

(一)网络目标市场的含义

网络目标市场,也叫网络目标消费群体,是指企业开展网络营销所针对的产品和服务的销售对象。网络目标市场的选择,是企业进行网络营销的一个非常重要的战略决策,它主要解决企业在网络市场中满足谁的需要,向谁提供产品和服务。例如,奥迪汽车在欧洲的目标客户是殷实的中年经理,腾讯拍拍网的目标访问者是青少年学生。

(二)网络目标市场选择的条件

企业在划分好细分市场之后,可以进入既定市场中的一个或多个细分市场。网络目标市场选择是指估计网络细分市场的吸引力程度,并选择进入一个或多个网络细分市场。

1.有一定的规模和发展潜力

企业进入某一市场是期望能够有利可图,如果市场规模狭小或者趋于萎缩状态,企业进入后难以获得发展,此时,应审慎考虑,不宜轻率进入。当然,企业也不宜以市场吸引力作为唯一取舍,特别是应力求避免"多数谬误",即与竞争企业遵循同一思维逻辑,将规模最大、吸引力最大的市场作为目标市场。大家共同争夺同一个顾客群的结果是,造成过度竞争和社会资源的无端浪费,同时使消费者的一些本应得到满足的需求遭受冷

落和忽视。现在国内很多企业动辄将城市尤其是大中城市作为其首选市场,而对小城镇和农村市场不屑一顾,很可能就步入误区,如果转换一下思维角度,一些目前经营尚不理想的企业说不定会出现"柳暗花明"的局面。

2. 细分市场结构的吸引力

细分市场可能具备理想的规模和发展特征,然而从盈利的观点来看,它未必有吸引力。波特认为有五个群体决定整个市场或其中任何一个细分市场的长期的内在吸引力。这五个群体是同行业竞争者、潜在的新参加的竞争者、替代产品、购买者和供应商。他们具有如下五种威胁性:细分市场内激烈竞争的威胁、新竞争者的威胁、替代产品的威胁、购买者讨价还价能力加强的威胁、供应商讨价还价能力加强的威胁。

3. 符合企业目标和能力

某些细分市场虽然有较大的吸引力,但不能推动企业实现发展目标,甚至分散企业的精力,使之无法完成其主要目标,这样的市场应考虑放弃。另外,还应考虑企业的资源条件是否适合在某一细分市场经营,只有选择那些企业有条件进入、能充分发挥其资源优势的市场作为目标市场,企业才会立于不败之地。

二、网络目标市场的选择策略

网络目标市场的选择策略一般有五种。

(一)产品与市场集中策略

企业集中力量只生产或经营某一种产品,满足某一类顾客群。在巨大的网络市场中,这种策略比较适合中、小企业,可以集中其资源实现专业化生产和经营,在取得成功后再发展,向更大范围扩展。

(二)产品专业化策略

企业生产或经营供各类顾客使用的某种产品,在面对不同的客户群体时,产品的质量、价格、款式等方面会有所不同。在网络市场中,大多数企业实施的是这种策略,它们根据不同的客户需求提供不同的产品和服务。

(三)市场专业化策略

企业生产或经营为某一顾客群(细分市场)服务的各种不同产品。这也是企业普遍采用的策略,特别是提供网络服务的专业服务企业,大多为它们的客户提供一整套的服务解决方案。

(四)选择性的专业化策略

企业选择多个细分市场作为网络目标市场,每一个细分市场都有着良好的营销机会,各细分市场之间相关性较小。这种策略有利于分散企业经营风险,即使某个细分市场失去吸引力,企业仍可在其他市场盈利。

(五)全面覆盖策略

企业采用完全覆盖的模式,生产各种产品来满足所有细分市场的需求。这种策略一般适用于实力较强的大企业。在网络环境下该策略焕发出新的活力。根据长尾理论得出的结论,只要产品的存储量足够大和流通的渠道足够宽,那么覆盖整个市场,甚至是那些需求不旺或销售不佳的产品也能达到与那些少数热销产品相当的市场份额。

三、网络目标市场营销策略

根据所选择的网络细分市场数目和范围,网络目标市场营销策略可以分为无差异目标市场营销策略、差异性目标市场营销策略和集中性目标市场营销策略三种方式。

(一)无差异目标市场营销策略

无差异目标市场营销策略是指不考虑各细分市场的差异性,将它们视为一个统一的整体市场,认为所有客户对产品有共同的需求。采用无差异目标市场营销策略无视各细分市场客户群体的特殊需求,在此情况下,营销人员可以设计单一营销组合直接面对整个市场,去迎合整个市场最大范围的客户的需求,凭借大规模的广告宣传和促销,吸引尽可能多的客户。无差异目标市场营销策略的理论基础是成本的经济性。生产单一产品,可以减少生产与储运成本;无差异的广告宣传和其他促销活动可以节省促销费用;不进行市场细分,可以减少企业在市场调研、产品开发、制订各种营销组合方案等方面的营销投入。这种营销策略对于需求广泛、市场同质性高且能大量生产、大量销售的产品比较合适。

(二)差异性目标市场营销策略

差异性目标市场营销策略是将整体市场划分为若干细分市场,针对每一细分市场制订一套独立的营销方案。比如,服装生产企业针对不同性别、不同收入水平的消费者推出不同品牌、不同价格的产品,并采用不同的广告主题来宣传这些产品,就是采用的差异性目标市场营销策略。

差异性目标市场营销策略的优点是:小批量、多品种,生产机动灵活、针对性强,使消费者需求更好地得到满足,由此促进产品销售。另外,由于企业是在多个细分市场上经营,一定程度上可以减少经营风险;一旦企业在几个细分市场上获得成功,有助于提高企业的形象,提高市场占有率。

差异性目标市场营销策略的不足之处主要体现在两个方面:一是增加营销成本。由于产品品种多,管理和存货成本将增加,而且公司必须针对不同的细分市场制订独立的营销计划,会增加企业在市场调研、促销和渠道管理等方面的营销成本。二是可能使企业的资源配置不能有效集中,顾此失彼,甚至在企业内部出现彼此争夺资源的现象,使拳头产品难以形成优势。

(三)集中性目标市场营销策略

实行差异性目标市场营销策略和无差异目标市场营销策略,企业均是以整体市场作为营销目标,试图满足所有消费者在某一方面的需要。集中性目标市场营销策略则是集中力量进入一个或少数几个细分市场,实行专业化生产和销售。实行这一策略,企业不是追求在一个大市场角逐,而是力求在一个或几个子市场占有较大份额。

集中性目标市场营销策略的指导思想是:与其四处出击收效甚微,不如突破一点取得成功。这一策略比较适合众多实力较弱的中小企业。中小企业由于受财力、技术等方面因素的制约,在整体市场可能无力与大企业抗衡,但如果集中资源优势在大企业尚未顾及或尚未建立绝对优势的某个或某几个细分市场进行竞争,成功的可能性更大。

集中性目标市场营销策略的局限性体现在两个方面:一是市场区域相对较小,企业发展受到限制;二是潜伏着较大的经营风险,一旦目标市场突然发生变化,如消费者兴趣发生转移或强大竞争对手的进入或新的更有吸引力的替代品的出现,都可能使企业因没有回旋余地而陷入困境。

以上三种网络目标市场营销策略各有利弊,企业到底应采取哪一种策略,应综合考虑以下多方面因素来决定:①企业资源或实力;②产品的同质性;③市场同质性;④产品所处生命周期的不同阶段;⑤竞争者的市场营销策略;⑥竞争者的数目等。

任务三　网络目标市场定位

一、网络目标市场定位的概念

市场定位就是企业为自身及进入目标市场的产品确定在消费者心目中所处的位置,为企业和产品在市场中创立鲜明的特色或个性,形成独特的市场形象,并把这种形象传递给顾客所采取的各种营销活动。定位就是勾画企业形象和提供价值的行为,是展示企业能力的积极行动。企业需要针对某个细分市场确定产品定位,要向顾客说明本企业与现有的竞争者和潜在的竞争者有什么区别,使该细分市场的目标顾客理解和正确认识本企业有别于其他竞争者的特征,建立对本细分市场内大量顾客有吸引力的竞争优势。

网络营销的目标市场定位是双向的:一方面,营销者必须了解网上消费者的各种情况;另一方面,营销者又必须明确自己的产品是否适于在该细分市场进行网络营销,从而提高企业市场竞争力。

二、网络目标市场定位的程序

网络营销市场定位的关键是企业要设法找出自己的产品比竞争者更具有竞争优势的特性。竞争优势一般有两种基本类型:一是价格竞争优势,就是在同样的条件下比竞争者定出更低的价格,这就要求企业采取一切努力来降低单位成本;二是偏好竞争优势,即能提供鲜明的特色来满足顾客的特定偏好,这就要求企业采取一切努力塑造产品特色。

企业网络目标市场定位的程序如下。

(一)分析网络目标市场的现状

这是定位过程的第一个步骤,其中心任务是要回答以下三个问题:一是竞争对手的产品定位如何? 二是目标市场上的顾客需求满足程度如何? 三是针对网络市场中竞争者的市场定位和潜在顾客的真正需求,企业应该以及能够做什么? 要回答这三个问题,企业市场营销人员必须开展市场调研,系统地搜索、分析上述有关问题的资料并报告研究结果。通过回答上述三个问题,企业就可以对网络目标市场现状有一个大致的了解。

(二)准确识别竞争优势

竞争优势是指企业在为消费者提供价值方面比竞争者更有效。可以从以下几个方面考察自己的竞争优势。

1.技术优势

在网络经济时代,技术的先进永远是相对的,但也是最重要的竞争优势。企业利用网络的技术优势可以准确了解消费者的消费心理及决策过程,了解消费者对公司产品的满意程度、消费偏好、对新产品的反应等,并对此做出快速的反应。对于传统企业来说,网络化变革不仅需要自身加大对网络技术的投入,而且要充分利用信息技术产业发展的最新成果,积极通过外包或战略联盟共同开发市场需求的新产品,加强与信息技术企业及其他行业的联盟与合作,最大限度地利用一切可利用的资源。

2.配送优势

物流配送一直是困扰和限制网络营销发展的重要因素。而对于有传统物流优势的企业而言,凭借物流优势实施网络营销则是水到渠成的选择。

3.服务优势

网络服务的最大优势在于其能够与顾客建立起持久的"一对一"服务关系,而这种关系的建立应归功于网络即时互动性特征。企业通过与消费者的互动,不仅可以及时向他们传达公司新产品信息、升级服务等信息,还有利于及时发现不满意的客户,了解他们不满意的原因并及时处理,从而保持与顾客的长期友好关系。重视顾客的长期价值是网络销售人员的重要价值观。

4.形象优势

形象优势的建立对于企业产品的市场营销是最为有效的。即使竞争产品看起来很相似,消费者也会根据企业形象的不同进行选择,企业形象能够传达产品与众不同的定位,因此企业形象是需要精心设计和维护的,而网络是一个建立和维护企业形象的绝佳工具。

(三)准确选择竞争优势

基于以上分析,企业的竞争优势是指能够胜过竞争对手的能力,假如企业通过调研和分析判断已经发现了若干个竞争优势,那么,企业必须选择其中一个或几个竞争优势,据以建立企业网络市场定位。一个企业不可能也没有必要在当前或通过努力后在所有领域都优于竞争对手,它只能选择若干核心的要素加以组合培养,使之成为自己的竞争优势。一般来说,选择竞争优势应遵循以下原则:一是选择的优势不宜过多,若选择过多既易导致可信度下降,又不容易引起顾客的注意,更不用说记住;二是短期定位可以选择客观、具体的要素,以强调不同的使用价值为目标,但要不断推陈出新,应避免过于笼统而且没有特色的定位;三是长期定位应选择文化等抽象的要素,给顾客比较广阔的想象空间,以形成顾客的品牌偏好为目标;四是短期定位应服务于长期定位,保持两者的协调一致。

(四)显示独特的竞争优势

第四步的主要任务是企业要通过一系列的宣传促销活动,将其独特的竞争优势准确地传播给潜在顾客,并在顾客心目中留下深刻印象。为此,企业首先应使目标顾客了解、熟悉、认同、喜欢和偏爱本企业的市场定位,在顾客心目中建立与该定位相一致的形象。其次,企业通过各种努力强化形象,保持目标顾客对企业形象的了解,并稳定目标顾客的态度和加深与目标顾客的感情来巩固与市场相一致的形象。最后,也应注意目标顾客对其市场定位理解出现的偏差或由于企业市场定位宣传的失误而造成的目标模糊、混乱,并及时纠正与市场定位不一致的形象。

三、网络目标市场定位策略

各个企业经营的产品不同,面对的顾客不同,所处的竞争环境也不同,目标市场定位策略也不同,总的来说,常用的网络目标市场定位策略有以下几种。

(一)产品或服务特性定位

构成产品或服务内在特色的许多因素都可以作为网络市场定位的依据。互联网上出现了许多经营实体商品的公司,网络虚拟书店当当网就是一个成功的典范。图书是一种非常适合于网络营销的品种,当当网上图书品种齐全、服务周到、价格低廉,准确把握产品或服务特性定位,取得了不错的成绩。在当当网,消费者无论是购物还是查询,都不受时间和地域的限制,让消费者享受到"鼠标轻轻一点,好书尽在眼前"的服务。

(二)技术定位

根据企业网站采用技术的不同,可将其分为宣传型网站和交易型网站。

宣传型网站不具备交易功能,若网站定位于宣传型网站,就主要以介绍企业的经营项目、产品信息、价格信息为主。例如罗蒙公司的网站就很好地宣传了企业形象和产品信息。

交易型网站不仅介绍企业的服务项目、产品信息和价格信息等，同时也提供交易平台。买卖双方可以相互传递信息，实现网上订货。若网站定位于交易型网站，则要突出交易平台的特色。现在国内已有大量的交易型网站。例如，淘宝网就是一个成功的交易型网站，淘宝网现在是亚洲第一大网络零售商，其目标是创造全球首选网络零售商圈。通过结合社区等形式来增加网购人群的黏性，并且采用最新网购模式，让网购人群乐而不返。

(三)利益定位

企业的产品或服务所能提供给消费者的利益是消费者最能切实体验到的。这里的利益包括顾客购买时追求的利益和购买企业产品时能获得的附加利益。网络消费者的不同需求形成了企业网站潜在的目标市场。网络消费者可以在网上反复比较，选择合适的商品，在毫无干涉的情况下最后做出购买决定。所以企业需要充分考虑到消费者希望得到的利益再进行网络市场定位。黑人牙膏根据消费者对牙膏功能的不同需求将牙膏分为几类，如清新系列、美白系列、抗敏感系列等，满足了消费者对不同利益的追求，其在网站上针对不同系列进行的宣传也起到了不错的效果。

(四)消费者类别定位

根据消费者的类别定位，企业有多种选择。用户分类可让企业知道自己的产品在满足哪些人的需求，影响哪些人的生活。例如，根据消费者性别不同，可以分为男性消费品市场和女性消费品市场。在男性消费品市场中，必须抓住男性消费者的购买欲望，如电子产品和汽车等都是男性消费者关注的对象；或者能够吸引男性为女性购买，经营礼品(如鲜花等)的网络商店也可以在男性消费者市场上找到自己的一席之地。现在，新浪、网易等门户网站也都开设了女性或男性频道，充分利用用户类别定位。

(五)竞争对手定位

竞争对手定位是常用的一种定位方法。企业进入目标市场时，往往是竞争对手的产品已在市场露面或已经形成了一定的市场格局。这时，企业就应认真研究在目标市场上竞争对手所处的位置，从而确定本企业的有利位置。为此，企业需要关注竞争对手，与竞争对手进行比较，找出自己的优势与劣势，进而决定是选择避强定位还是迎头定位。

(六)重新定位

重新定位是指对销路不畅的产品进行二次定位。比如盛大网络游戏公司早期代理韩国游戏，后来重新定位自主开发游戏产品。任何企业如果前一次定位后遇到了较大的市场困难，都可以考虑进行二次定位，也即重新定位。

实训小任务

随着越来越多的品牌为瘦人而设计,身材肥胖的人不得不忍受买衣服的窘迫。随着饮食习惯的西方化,人们整体上体型变大,专门为肥胖的人开设的大码专卖店获得了成功。他们将顾客中体型肥胖、需要穿 XL 尺码以上的人作为自己的目标顾客群,实施了差异化营销。在肥胖者较多的发达国家,专门为肥胖人群开设的大码服装店早已经在市场中占得一席之位。其中,在网上作为大码服装的代表品牌而名声大噪的 BIGNBIG(www.bignbig.com)以其鲜亮的颜色、顺应流行的设计,为肥胖者提供了多种选择,还赋予他们追赶潮流的自信心,可以说是成功的典型。

A 是国内一家服装专卖店,专卖适合肥胖者的服装,根据市场需求打算在网络中开设专卖店。

假如你是该公司的网络营销人员,请为公司做以下工作:

1. 对适合肥胖者的服装市场进行市场细分,并描述其特点;

2. 查询、登录相关的网站,列举出国内相关市场的情况;

3. 根据各个细分市场的特点以及竞争状况对专卖店进行市场定位。

第三篇

网络营销策略与工具

项目六 网络营销策略

【学习目标】

1. 理解并掌握网络营销的四个策略；
2. 能够从生活中的网络营销手段中找到相对应的策略类型。

【引导案例】

苏宁电器公司网络营销策略

随着信息化的发展,网络营销成为新的竞争点。电子商务将在人们的生活中占据越来越重要的地位。新一轮的竞争将会很快从街道转移到网络上来。作为中国家电零售业的领军企业,苏宁电器公司一直以缜密的超前战略和前后台同步配套实施的发展策略而在喧嚣热闹的家电连锁业内显得异常稳健。苏宁电器公司开展网络营销后获得了巨大的效益,同时也加快了企业的发展速度。通过网络营销在互联网上建立并推广企业的品牌。线下的品牌产品在线上也得以延伸和拓展。网络营销也势必随着电子商务在中国进程的加速而变得愈加重要,而传统的家电渠道商涉足网络营销,对于企业自身来说都是一种明智之举。

2008 年对于苏宁电器公司来说,是一个具有挑战性的一年。家电企业需要加快脚步来适应社会的发展,把握住机会,通过网络营销的应用来加快企业的发展。

1. 产品策略

据 B2C 管理部相关数据显示,2008 年 1 月,苏宁网上商城的点击率及成交率与上一年同期相比,分别增长了 60％和 75％。分析该两大指标来看,半成以上的网民更关注特色类电器产品。苏宁电器公司在春节过后即开始 2008 年度空调产品的备货,苏宁电器公司先后在网上向海尔、美的、海信、松下等备货 100 万台,其中定制包销机型达到 30％以上,4 级以上高能效空调占 70％以上。这批提前储备、低进价的巨量空调也成为苏宁"踩闸抑价"的重要武器。除了足够确保 3、4 月份不涨价的 100 万台春节前库存外,苏宁电器公司还启动了总量达 120 万台的新品采购行动,备足后期市场资源,在这一过程中,苏宁电器公司通过对采购品牌、采购型号的调整来实施 2008 年的整体产品策略。

2. 价格策略

由于苏宁电器公司的网上店铺没有实体店的店面租金、水电、人员工资等成本,其价格均比市场价格优惠 5% 左右,所以在苏宁网上购买同型号的家电产品,与实体门店相比还是比较便宜的,此外,算上外出购物的交通费、时间成本,就更划算了。

3. 渠道策略

在苏宁网上商城订购、异地取货的交易量也成为返乡网民较为热衷的一种购物方式,80% 的网络消费者选择以该方式购买彩电、冰箱等传统大家电。

(1)订货系统。苏宁电器网上商城为消费者提供了完善产品信息,方便消费者在第一时间获取信息,产生购买欲望,以求达到供求平衡。所以说一个完善的订货系统,可以最大限度降低库存,减少销售费用。

(2)结算系统。消费者在网上购买电器后,可以有多种方式方便地进行付款。

(3)配送系统。苏宁电器网上商城有 80% 的产品可以自行配送,并且成功实现了跨区域配送。苏宁电器公司未来将陆续投入更多的资金购入或者租赁物流基地,完善公司物流配送体系。

4. 促销策略

苏宁电器公司在网上销售时推出了会员制促销,采取以积分兑换礼品、购物返积分、积分购买商品等形式。其中,积分兑换与传统的购物积分有很大的区别,手续也比较简单,消费者在苏宁网上商城消费将可以用积分兑换相应的礼品,这大大激起了广大消费者的再次购买欲望。

任务一　网络品牌策略

一、网络品牌分析

在谈及网络品牌之前,先得了解网络营销中的产品。按照传统销售渠道的思维,会认为只要是通过网络能够销售出去的产品,不管其是以有形还是无形的形式存在,可以判定其就是适合在网络进行销售的。然而,网络营销是对传统渠道的延伸和再造,更需要研究企业的产品及其品牌,从网络营销的特点来看,更应该注意品牌的优势。

现代营销理论认为,要将企业品牌的建立和关联作为企业网络营销重要的考虑因素。品牌是名称标志,更是企业形象的象征,目的是向消费者展示企业的服务,同时也有利于消费者对产品进行鉴别。品牌价值反映在消费者的购买行为上,对一个企业的销售是非常重要的,因为消费者的购买行为决定了产品的市场份额。

把企业比作大树的话,品牌则是大树永远最绿的那颗芽,品牌的成长有赖于企业的创新,有了企业长足的发展,一个品牌的生命力才能长期保持下去。企业没有长足发展,企业品牌也很难生存。如果企业在品牌维护方面缺少投入,品牌也不会长久生存;反过来,企业也很难生存。在网络环境下,企业品牌从逐渐形成到具有很高的知名度的过程对于企业的生存和发展是非常重要的。

二、网络品牌的定位

网络品牌定位是企业在网络营销中的市场定位和产品定位的基础,利用特定品牌对接特定的消费取向和个性化的消费行为,是建立一个与目标市场相关的品牌形象的过程和结果。为了能够使一个特定的品牌适应特定的市场,必须使消费者能够对商品从认知到信任,产生自然购买动机、自动的消费行为和决策,这样的过程是品牌定位的决胜点。

(一)网络品牌定位目的分析

在电子商务成为当今商界、投资界发力的热点时,网络营销也是当今热点,两者发展必定会有交集。网络营销只有承载在电子商务上,才会发挥最好的作用,也同时会给电子商务的发展起促进作用。如今的电商行业,看起来虽不繁杂,但做好也非易事。随着电商行业的业绩比重不断攀升,更多的传统企业进军电商行业已是不争的趋势,做电商,商为主,先品牌,再产品。

而品牌定位的总体目的就是将产品转化为品牌,利用品牌维护顾客的正确认识,从而培育顾客忠诚度,实现顾客重复消费,实现企业利润最大化。

要想做品牌,首先必须通过各种方式找到消费者的兴趣点,利用消费者兴趣点创新产品。兴趣点将成为品牌形成的强大推动力,当用户产生需求时,就能够使其找到企业的某款产品满足自身兴趣点。这种状态持续发展,将会使企业产品在市场上树立起明确的、有别于其他竞争对手的、符合消费者需求的形象。

良好的企业网络品牌定位是企业从事网络营销的成功前提条件之一,对企业创新产品线、开拓新市场起到良好的促进作用。如果不能提前有效地对网络品牌进行消费者和市场定位,以其特征和形象立于网络市场,必然会使企业产品淹没在网络的同质化产品中。

网络品牌定位是网络品牌传播的基础,品牌传播依赖于品牌定位,定位涉及对应的市场和消费者,没有整体的网络品牌形象设计,企业网络营销过程中网络品牌的树立将会比较盲目,并且缺乏一致性。总之,网络品牌营销是以多种信息整合手段造就企业良好的网络品牌形象,经过多种途径在其所确定的消费者和市场环境中获得优势,以品牌整体形象驻留于消费人群和市场环境中,这是品牌经营的直接体现,也是品牌经营的直接目的。

(二)网络品牌定位误区分析

网络品牌在创立的过程中,不是多少次企业会议、多少次宣传就可以实现的,它是企业在网络营销的长久坚持过程中逐渐形成的,简言之,品牌定位要注重持久性和务实性。

第一,网络品牌定位过程中不能以点代面。

网络品牌定位并不是企业的宣传就能形成的,而是企业与消费者之间互动的过程,是企业在网络品牌运作过程中的基石与准线。企业所有与网络营销相关的内容都得与网络品牌的树立联系起来,以网络品牌创建为中心。企业要围绕这个中心进行任务分解,而不是天天开会讨论,天天喊口号。网络营销策划不到位,企业良好的品牌形象就得不到很好的展示。前面谈到,网络品牌的建立在于找准点,但是网络营销活动过程中不能以此点而代替了整个网络营销活动。网络营销活动是一个整体的过程,只是整个活动都要基于网络品牌创建这个中心点。

第二,网络品牌定位的形成在于企业自上而下的执行力。

如前所述,网络品牌定位就是要在互联网上通过查找潜在目标的差异化需求,找准切入点,进行品牌塑造。网络品牌定位的过程就是企业执行差异化的过程。以网络品牌创造为核心的营销主题、形象展示以及品牌运营服务都得依靠企业的执行力来进行,即使企业能够在品牌定位策划过程中表现得非常完善,在企业执行力不强的情况下,策划方案不能够得到有效执行,网络品牌的定位也是无法实现的。在网络品牌定位过程中,还得靠传统企业组织架构的执行层级来实现。能够使企业所有渠道、所有岗位、所有终端都能完全理解企业的网络品牌定位的意义,并且都能够遵照执行,这是企业网络品牌树立的关键之一。

第三,网络品牌定位应避免过度标新立异。

虽然网络品牌定位的过程是寻找差异化的过程,但网络品牌的定位依然不能离开网络消费者。所以,差异化的特征也要找准潜在的目标进行,而不是企业过度标新立异,不考虑消费者的感受。有些企业利用互联网进行价格低至多少等一系列宣传,想获得更多消费者的认可,虽然在短时间内,这种方式可以使品牌知名度快速提高,但对网络品牌的维护却会产生非常消极的作用。此方法下聚集了看似非常可观的品牌人气,实则这些消费者都是冲着眼前的利益而来的,即使企业花很长的时间、花大量的代价按此种方法进行下去,这种方式也不会长期获得消费者的理解和认同。网络品牌的定位不应该追求过度标新立异,而更应该从消费者本身需求出发,找准切入点进行培育。

第四,网络品牌的定位是阶段性的,而不是永久不变的。

对于企业的网络营销计划而言,企业的网络品牌不会是永远不变的,其只具有短期的稳定性,而不具有长期的稳定性。企业在经营过程中要对企业品牌进行不断提升,随着市场的发展,进行适当的经营调整,以便能更好地迎合市场需求,满足不断变化的消费者物质文化需求。阶段性品牌定位是企业长足发展的基石,企业在阶段性发展的基础之上,不断对品牌进行提升,既满足顾客需求,又满足企业长期的发展。企业在发展壮大过程中逐渐对企业网络品牌定位进行升级和调整。短期的定位是服务于企业长期发展的。很多企业在开始的时候没有确定好企业网络品牌发展目标,而盲目地上马企业网络营销项目,很多最终以失败而退出网络营销市场。

网络品牌定位在品牌经营和企业网络营销过程中有着不可估量的作用。成功的网络品牌都有一个基本特征,就是以某种始终如一的形式将网络品牌的内涵与消费者的心理需求连接起来,通过此类方式将网络品牌定位信息准确传达给潜在的受众目标。

因此,企业在开始从事网络营销之前,可能有多种品牌定位选择,但在品牌定位过程中,会逐渐挑选出对目标人群最有吸引力的竞争优势,并通过一定的宣传和推广方式将此优势传递给消费者,并让消费者有一个从认知到信任的过程。

三、网络品牌如何打造知名度

有研究表明,当人们想要"买买买"时,只有 5% 的消费者有明确的品牌购买意向。因此,如何让剩下 95% 的消费者认识你的品牌,并且有一定的信任度,就是争夺客户的关键所在。也就是说,你的目标应该是让客户在买东西前能够回想起你的品牌,至少是能在一系列品牌中认出你的品牌。

关于打造品牌的方法论不胜枚举,接下来将详细介绍品牌知名度的相关内容,帮助你掌握如何让你的品牌出现在潜在客户的购物清单中,以及让你的品牌成为公认的选择。

(一)品牌知名度营销的概念

一般情况下,品牌知名度营销的过程分为品牌再认和品牌回忆。

品牌再认(Brand Recognition)指当向消费者出示某个品牌时,消费者能辨认出该品牌。这种熟悉程度意味着你已经成功走出了"默默无闻"的境地,你的品牌离被消费者选择更近了一步。

在没有任何提示的情况下,消费者能够回忆起你的品牌,这就是品牌回忆(brand recall)。

如何成为消费者的唯一选择? 如果仅仅在功能和客户服务等品质上脱颖而出还远远不够。为了让更多的人关注你的品牌并建立信任,你必须理解并传达你的与众不同。有研究表明,当消费者在搜寻商品信息时,绝大多数的人会选择他们已经熟悉的品牌,无论该品牌在搜索引擎结果页面中的排名如何。

(二)品牌知名度营销策略

首先要明确的是,品牌知名度营销和普通营销有些不同,为了在你的受众中脱颖而出,并成为最终选择,请把你的资源放在以下这三个关键领域。

1. 确定受众最活跃的渠道,加倍投放

你在办公室跳舞的视频可能会在抖音上引起轩然大波,但在领英等职场软件上则不太可能有这么大的影响,因为这些渠道的受众区别很大。

所以,要在受众很活跃的渠道开启品牌宣传活动,并有适合这些渠道的内容和创意,让品牌宣传活动尽可能得到最好的回报。

另外,还要思考你的受众使用这些平台背后的意图。每个平台服务于不同的需求。为了让你的品牌知名度营销产生更大影响,我们需要深入市场,定位社区,在正确的地方满足合理的需求。

针对每个平台的优势,写出多样化内容开展宣传活动。同样的内容重复发布会收效甚微。每个社交网站都有自己的特点,因此内容多样化就显得非常重要。

如何做到"在正确的地方满足合理的需求",你需要针对目标客户群体,做专门的定位和推广,以提高认同,如下面这个例子:

可画(Canva)是一款图形工具,它的对手是 Adobe InDesign、Adobe Illustrator、Figma 和 Sketch 等软件。尽管这些竞争对手们拥有更全面、领先的功能,但可画仍拥有超过 6000 万名的每月活跃用户。可画从一开始就明确了自己的目标客户群体并非专业设计师们,他们的目标就是要让不是设计师的人,能够在没有任何培训或专业技术知识的情况下,设计出令人印象深刻的图形。

在营销方面,可画没有与 Adobe 这样的公司竞争,而是将精力放在社会认同上,在科技出版物上展示自己的特色,分享活跃用户的推文,帮助提高其在目标客户中的知名度,从而培养客户忠诚度并推动其自身增长。

2.利用网络效应,鼓励用户分享

病毒式营销是很难复制的,而鼓励特定受众分享他们所喜爱的内容则要容易得多。

你可以从建立与品牌价值观一致的影响者关系做起。想要扩大受众群体、拓宽受众来源,你可以与和品牌价值观相一致的内容创作者、KOL(关键意见领袖,拥有更多的产品信息,对某群体的购买行为有较大影响力的人)乃至其他品牌的创建者建立良好的互动关系。如果大家的价值观一致,你们的互动可能会吸引活跃的受众,这都是你品牌的理想客户。

你还可以创建辅助项目并让更多专家参与,以缩短建立影响者关系的时间。目前,市面上已经有不少平台能够帮助企业快速对接想要合作的专家和 KOL,并且提供独特的见解、资源和建议。

3.通过故事来吸引受众

好的故事也可以成为吸引受众的关键。赛斯·高汀(Seth Godin)曾经说过:"营销不再是关于你所创造的东西,而是关于你讲述的故事。"即你所讲述的品牌故事是你与受众之间的联系,是你与众不同的地方。

当然,这并不意味着你可以用讲故事的方式来摆脱劣质产品,你仍然需要一个高品质的产品来满足你的市场需求。

(三)品牌知名度营销的量化

品牌知名度策略的选择,取决于你是否了解客户。你可以通过现有的客户数据和社群聆听来了解他们想要以及不想要的内容。之后你就知道怎么激励这些客户分享内容,从而可以使你的产品在与他们类似的受众面前提高曝光率。

1.使用定量和定性数据找出痛点和愿望

挖掘现有的数据,找出最吸引受众的线索。分析你业绩最好的产品、渠道、登录页面等,特别是客户从第一次互动到购买之间的行动轨迹。

寻找那些可以激发用户行动的原因,例如某些颜色或声音是否会引起更强烈的反应等。

定量数据会告诉你人们与品牌互动的方式,定性数据则帮你挖掘其背后的原因。你可以通过一定的用户调研来获得这些关键信息:

(1)您是怎么了解到我们的?

(2)是什么让您选择我们而非我们的竞争对手?

(3)您最喜欢我们的产品/服务的哪些方面?

(4)从1到10分,您对我们的产品/服务的满意度如何?(跟进问题:您给这个分数的原因是什么?)

(5)您面临的最大挑战是什么?

(6)认为我们可以改进什么方面以提供更多价值?

结合正确的衡量标准,这些问题将帮助你确定品牌优势,然后用以指导你打造引人入胜的内容,确定品牌营销战略。

2.利用社群聆听了解客户对品牌的看法及其需求

国内外有不少社群聆听工具可以帮助你观测社交媒体、论坛和其他社区了解品牌情绪和行业见解。花时间了解受众的问题和愿望是至关重要的,这就是打造品牌知名度的根源所在。

而通过社群聆听,你还可以了解受众提出的问题、发现吸引受众的内容和创意类型、跟踪品牌关键词、评估对功能与产品的感受,乃至了解产品发展趋势。

良好的品牌知名度营销策略,简单来说,就是帮助你讲述目标受众感兴趣的故事,占领用户心智,然后通过了解和解决用户需求,来加强品牌信息的传递,以提升品牌影响力。

任务二　网络营销价格策略

一、产品的定价

消费者都会发现这样的现象,在不同商场或不同网站卖着完全相同的产品,产品售后服务、保修条款都一样,但价格却不一样。有时候同一个公司生产的不同品牌产品价格相差很大,但其实产品本身相差并不多,多个品牌只是为了适合不同的目标市场。还有时看似不同公司的产品其实是由相同的生产厂商贴牌生产制造的,产品本身差别非常小,但价格完全不同。

这种相同或极为相似产品的不同价格完全是由营销策略所决定的,与产品本身无关,这就是价格策略。

大部分传统营销理论中的价格策略也适用于网上。由于网站特殊的技术能力,一些在网下很难实现的价格策略在网上却可以发挥得淋漓尽致。

二、网络营销定价的影响因素

产品的定价取决于很多因素,主要包括以下几方面:

（1）成本。产品研发、制造、存储、原材料、运输等成本直接决定产品定价。

（2）预期利润。在成本确定后，企业也可能有一个固定的预期利润百分比，如10％、15％等。

（3）资金周转。需要企业资金周转快就得把价格定在对用户最有吸引力的水平上，而最有吸引力的价格水平，利润却并不一定是最大的。

（4）供需情况。市场需求旺盛，产品价格就可以随之向上浮动。大量产品滞销，价格也不得不随之下降。

（5）竞争对手价格。随着信息流动越来越透明，尤其是在网上做价格比较是轻而易举的事情，竞争对手的价格也在很大程度上影响企业的定价。

（6）品牌形象。当企业或品牌专注于高端市场，提供较高水平的产品或服务时，价格与成本可能基本无关。有时，价格降低甚至可能降低品牌形象及销售情况。

（7）促销策略。各种形式的促销、打折、优惠组合运用都将影响产品最终定价。

三、网络营销定价方法

组合不同的定价因素可以产生不同的定价法。

（1）成本＋预期利润。这是最常见、最保险的定价方法。产品总成本加上企业觉得适合的利润，就是出货价格。

（2）竞争对手跟踪法。为保证产品的销售，有时价格必须与竞争对手相当。竞争对手调整价格，自己也必须跟着调整。

（3）低价抢占市场。为了尽快抢夺市场份额，或为生存，为加快资金周转，都可能要使用低价，甚至会以低于成本的价格销售产品以抢占市场。在有强大后续销售策略支撑时，低价抢占市场也是很好的定价方法。

（4）利润最大化。精确计算出价格、销量、收入，以及利润关系，把价格定在利润最大的水平上。

（5）价值定价。产品或服务的价格与成本无关，而是按照带给用户的利益和价值计算，这种价值往往是主观判断，如软件、顾问服务。

四、网络营销定价策略

（一）低价策略

低价策略是网络营销定价中除了免费定价外，对消费者最具有吸引力的定价方式。低价策略的种类有：

（1）直接低价定价策略。制造业企业在网上直销往往采用这种定价方式。

（2）折扣策略。为激励消费者多购买本企业商品，可采用数量折扣策略或现金折扣策略。

（3）网上促销定价策略。企业为了打开网上销售的良好势头和推广新产品，常采用促销定价策略，比较常用的是有奖销售和附带赠品销售。

(二)个性化定制定价策略

这是一种利用网络互动性的特征,根据消费者的具体要求来确定商品价格的一种策略。

(三)使用定价策略

所谓使用定价,就是顾客通过互联网注册后可以直接使用某公司产品,顾客只需要根据使用次数进行付费,而不需要将产品完全购买。

(四)拍卖竞价策略

网上拍卖是目前发展较快的领域,是一种最市场化、最合理的定价方式。国际通行的拍卖竞价方式主要有两种,即增价拍卖和减价拍卖。增价拍卖又称"英国式拍卖"或"估低价拍卖",它是指价格上行的拍卖方式,即拍卖标的的竞价由低至高依次递增,直到最高价格成交为止。减价拍卖又称"荷兰式拍卖"或"估高价拍卖",它是指价格下行的拍卖方式,即拍卖标的的竞价由高到低依次递减,直到以适当的价格成交为止。

(五)免费策略

免费也能赚钱,尤其是先免费、后赚钱,这或许正是网络营销独特的价格策略之一。免费定价策略的形式有:①完全免费;②有限免费;③部分免费。

---

360 的免费策略

互联网最激动人心的地方,在于你能给亿万用户提供非常好的产品免费用,最后你还能因此获得巨额的财富。

淘宝网前期提供"免费"开店,收集了大大小小的中小卖家,成就了一个商业帝国;腾讯利用"免费"使用 QQ 收集大量的用户数据,现在单开发一个游戏,每年至少有几十亿元的收入;360 用了"免费"策略,战胜了很多付费杀毒软件公司,结果它成功了,可见免费策略威力多么可怕。

(六)声誉定价策略

声誉定价即针对消费者价高质优的心理,对在消费者心目中享有一定声望、具有较高信誉的产品制定高价。不少高级名牌产品和稀缺产品,如豪华轿车、高档手表、名牌时装等,在消费者心目中享有极高的声誉价值。购买这些产品的人,往往不关心产品本身,而最关心的是产品能否显示其身份和地位,价格越高则其心理满足的程度也就越大。

任务三　网络营销渠道策略

一、网络营销渠道概述

网络营销,就是以互联网为基础,利用数字化的信息和网络媒体的交互性来辅助营销目标实现的一种新型市场营销方式。网络营销极具发展前景,必将成为 21 世纪企业营销的主流。网络营销渠道是指借助互联网通信技术和数字交互式媒体来实现商品和服务从生产者向消费者转移的具体通道或路径,主要分为通过互联网实现的从生产者到消费(使用)者的网络直接营销渠道和通过融入互联网技术后的中间商提供的网络间接营销渠道。

二、网络营销渠道的功能

与传统营销渠道一样,以互联网为支撑的网络营销渠道也应具备传统营销渠道的功能。一个完善的网络销售渠道应有三大功能:订货功能、结算功能和配送功能。

(一)订货功能

为消费者提供产品信息,同时方便厂家获取消费者的需求信息,以求达到供求平衡。一个完善的订货系统,可以最大限度降低库存,减少销售费用。

(二)结算功能

消费者在购买产品后,可以有多种方式方便地进行付款,因此厂家(商家)应有多种结算方式,目前在国内除了大家常用的支付宝和财付通外,还有邮局汇款、货到付款、信用卡等。而目前国外流行的几种方式是信用卡、电子货币、网上划款等。

(三)配送功能

一般来说,产品分为有形产品和无形产品,对于无形产品如服务、软件、音乐等产品可以直接通过网络进行配送,所以一般配送系统以有形产品为讨论对象。对于有形产品的配送,要涉及运输和仓储问题,而对于这两个问题,我国有几个专业的企业提供优质的服务,专业配送公司的崛起进一步引起了企业对网络渠道建设的重视,也就加快了我国电子商务行业的发展。

三、网络营销渠道类型

网络营销渠道类型可以分为网络直接营销和网络间接营销。

(一)网络直销

网络直接销售指生产企业通过互联网直接向消费者销售产品,也称为网络直销。

传统的中间商变成了为直销提供各种服务的中介机构,如提供货物运输的物流企业,提供网上支付和结算的网上银行,提供信息发布、商务网站建设的网络服务商等。

(二)网络间接营销

在互联网上存在着许多专门为生产企业和消费者提供各种服务的中介机构,即网络交易中间商,其中的一些起到了传统中间商的作用,如代理、销售等。由于融合了互联网技术,网络交易中间商大大提高了交易效率和专门化程度,取得了更大的规模经济,从而可以更大程度地提高交易效率。

网络中间商就是处于生产商和消费者中间的环节,是连接买卖双方的纽带。对于网络营销来说,网络中间商就是承担订货、结算和配送三大职能。也就是说,要辅助完成两方面的任务:第一,促成交易(与传统中间商类似);第二,帮助生产商和消费者双方降低成本(如搜索成本、交易成本),减少货币或精力的支出,即获得价格竞争优势。所以,网络中间商的存在是必要的。

四、网络市场的中间商类型

根据业务模式的不同,可以将网络中间商进行如下分类:

(1)目录服务商:为用户提供网站分类并整理成目录的服务。

(2)搜索引擎服务商:为用户提供基于关键词的检索服务。

(3)虚拟市场:包含与两个以上的商业站点连接的网站。

(4)互联网内容提供商:向目标客户群提供所需信息的服务。

(5)网络零售商:在网上开设的零售商店,向消费者直销商品。

(6)虚拟评估机构:对网上商家进行评估的第三方机构。

(7)网络统计机构:为用户提供互联网统计数据的机构。

(8)网络金融机构:为网络交易提供金融服务的金融机构。

(9)虚拟集市:为想要进行物品交易的人提供虚拟交易的场所。

(10)智能代理:利用专门设计的软件,为消费者提供所需信息搜集和过滤的服务。

综上所述,网络中间商使厂商和消费者之间的信息不对称程度显著降低,提高了网络交易的效率和质量,在网络营销的价值链中扮演了重要的角色,具有不可替代的作用,网络中间商的存在促进了网络营销的应用和发展。我国网络中间商也在逐步发展壮大,如诚商网、中国商品交易中心等都是这类中介机构。虽然这类网络中间商还有待完善,但它们在未来虚拟网络市场中的作用却是其他机构所不能代替的。

五、双道策略

在众多企业的网络营销活动中,双道法是最常见的方法,是企业网络营销渠道的最佳策略。所谓双道,就是线上营销与线下营销的结合以及直接销售渠道和间接销售渠道的结合。在买方市场中,通过两种渠道销售产品比通过一条渠道更容易实现"市场渗透"。双道策略主要有两种方式。

(一)线上营销与线下营销相结合

线下营销即传统的非网络营销,这同整合策略中的上下整合策略相似。线上营销要借助线下营销资源,并使两者协调一致,相互促进,从而有效扩大企业营销渠道和营销沟通的空间。企业在举办任何营销活动的时候,无论是新产品发布、促销推广,还是公关活动都可以整合线上和线下营销资源,实现整合营销传播,达到最大限度的传播功效。

(二)直接销售渠道和间接销售渠道相结合

双道策略还包括企业同时使用直接销售渠道和间接销售渠道,以实现销售利润最大化的网络市场渗透策略。具体来说,企业在进行网络营销活动中,一方面尽早规划和建立自己的企业网站,采取有效的措施提高网站的吸引力和访问量;另一方面,更主要的是积极利用权威网络中介的信息服务、广告服务和撮合服务优势,扩大企业的影响,开拓企业产品的销售领域。

目前,许多企业的网站访问者不多,企业通过网络进行直销可能会出现两个问题,一是效果不明显,二是投资不合算,但并不能就此断言企业进行网站建设的时机尚不成熟。企业在互联网上建站,一方面为自己打开了一个对外开放的窗口,另一方面,也建立了自己的网络直销渠道。这些会随着时间的推移给企业带来有形的和无形的利益。国外的亚马逊书店、国内的青岛海尔集团、东方网景书店等众多公司成功的网络营销实践说明,企业上网建站大有可为,建站越早,收益越早。而且,一旦企业的网页与信息服务商连接,例如与中国商务部网站链接,其宣传作用不可估量,不仅可以覆盖全国,而且可以传播到全世界。这种优势是任何传统广告宣传都不能比拟的。对于中小企业而言,网上建站具有优势,因为在网络上所有的企业都是平等的,只要网页制作精美,信息经常更换,一定会吸引越来越多的顾客浏览。

在现代化大生产和市场经济条件下,企业网络营销活动中除了自己建立网站外,大部分企业都积极利用网络间接销售渠道销售自己的产品,通过中介商的信息服务、广告服务和撮合服务优势,扩大企业的影响,提高企业知名度,降低销售成本,达到扩大销售的目的。

任务四　网络促销

一、网络促销的含义

网络促销是指利用计算机网络技术向虚拟市场传递有关商品和劳务的信息,以引发消费者需求,唤起购买欲望和促成购买行为的各种活动。传统营销的促销形式主要有四种:广告、销售促进、宣传推广和人员推销。网络营销是在网上市场开展的促销活动,相应形式也有四种,分别是网络广告、销售促进、站点推广和关系营销,其中,网络广告和站点推广是网络促销的主要形式。网络广告将在下一个任务具体说明。

二、针对消费者的网上促销策略

在进行网络营销时,对网上营销活动的整体策划中,网上促销是其中极为重要的一项内容。根据网上营销活动的特征和产品服务的不同,结合传统的营销方法,针对消费者的网上促销策略主要有以下几点。

(一)网上直接折价促销

折价亦称打折、折扣,是目前网上最常用的一种促销方式。网上商品的价格一般都要比使用传统方式销售时要低,以吸引人们购买。网上销售商品不能给人全面、直观的印象,也不可试用、触摸等,再加上配送成本高和付款方式复杂,造成消费者网上购物的积极性不高。而幅度比较大的折扣可以促使消费者进行网上购物的尝试并做出购买决定。目前大部分网上销售商品都有不同程度的价格折扣,如当当书店、折800等。

折价券是直接价格打折的一种变化形式,有些商品因在网上直接销售有一定的困难,便结合传统营销方式,可从网上下载、打印折价券或直接填写优惠表单,到指定地点购买商品时可享受一定优惠。

(二)网上间接折价促销

网上直接价格折扣容易造成降低品质的怀疑,而采用增加商品附加值的促销方法则会更容易获得消费者的信任。如节假日折价促销,传统市场中利用节假日、庆典活动开展的优惠促销活动,一周的营业额可能比平时一个季度的营业额还要高。这种方式同样适用于网络营销,商业站点也可以定期推出每周一物、每月一物的活动,以优惠的价格营造购物气氛,刺激消费者的购买欲望。

每年6月是京东的店庆月,每年6月18日是京东店庆日。在店庆月京东都会推出一系列的大型促销活动,以"火红六月"为宣传点,其中6月18日是京东促销力度最大的一天。

(三)网上赠品促销

赠品促销目前在网上的应用不算太多,一般情况下,在新产品推出试用、产品更新、对抗竞争品牌、开辟新市场情况下利用赠品促销可以达到比较好的促销效果。

赠品促销的优点:①可以提升品牌和网站的知名度;②鼓励人们经常访问网站以获得更多的优惠信息;③能根据消费者索取赠品的热情程度来分析总结营销效果和产品本身的市场定位情况等。

赠品促销应注意赠品的选择:①不要选择次品、劣质品作为赠品,否则只会起到适得其反的作用;②明确促销目的,选择适当的能够吸引消费者的产品或服务;③注意时间和时机,注意赠品的时间性,如冬季不能赠送只在夏季才能用的物品,另外,在危机公关等情况下也可考虑推出不计成本的赠品活动以挽回公关危机;④注意预算和市场需求,赠品要在能接受的预算内,不可过度赠送赠品而造成营销困境。

(四)网上抽奖促销

抽奖促销是网上应用较广泛的促销形式之一,是大部分网站乐意采用的促销方式。抽奖促销是以一个人或数人获得超出参加活动成本的奖品为手段进行商品或服务的促销活动。网上抽奖活动主要附加于调查、产品销售、扩大用户群、庆典、推广某项活动等。消费者或访问者通过填写问卷、注册、购买产品或参加网上活动等方式获得抽奖机会。

> **案例一:"丁家宜"化妆品赠品**
>
> 让女人更出色,凡购买"丁家宜"化妆品指定活动款,即可获赠放在产品包装内的独家保温杯一个。
>
> **点评**:赠品放在产品包装里面不易丢失,漂亮的赠品不易被消费者准确感知,需设计一块地方为透明包装以展示赠品。
>
> **案例二:"福临门"食用油加护手霜**
>
> 好油好手烧好菜,滋润为全家操劳一年的双手。活动期间购买福临门食用油1瓶,即可获赠东洋之花绵羊奶护手霜(40克)1支。
>
> **点评**:产品陈列效果好,能够在众多竞争品类的货架上脱颖而出,需注意的是赠品容易被不良商店主或批发商拆除,同时护手霜尚未在家庭主妇心中树立使用意识。

网上抽奖促销活动应注意几点:①奖品要有诱惑力,可考虑大额超值的产品吸引人们参加;②活动参加方式要简单化,因为目前上网费偏高,网络速度不够快,以及浏览者兴趣不同等原因,网上抽奖活动要策划得有趣味性和容易参加,太过复杂和难度太大的活动较难吸引匆匆的访客;③抽奖结果的公正公平性,由于网络的虚拟性和参加者的广泛地域性,对抽奖结果的真实性要有一定的保证,应该及时请公证人员进行全程公证,并及时通过 E-mail、公告等形式向参加者通告活动进度和结果。

(五)积分促销

积分促销在网络上的应用比传统营销方式要简单和容易操作。网上积分活动很容易通过编程和数据库等来实现,并且结果可信度很高,操作起来相对较为简便。积分促销一般设置价值较高的奖品,消费者通过多次购买或多次参加某项活动来增加积分以获得奖品。积分促销可以增加上网者访问网站和参加某项活动的次数,可以增加上网者对网站的忠诚度,可以提高活动的知名度等。

现在不少电子商务网站"发行"的"虚拟货币"应该是积分促销的另一种形式,如8848网的"e元"、酷必得网的"酷币"等。网站通过举办活动来使会员"挣钱",同时可以用仅能在网站使用的"虚拟货币"来购买本站的商品,实际上是给会员购买者相应的优惠。

(六)网上联合促销

由不同商家联合进行的促销活动称为联合促销,联合促销的产品或服务可以起到一定的优势互补、互相提升自身价值等效应。如果应用得当,联合促销可起到比较好的促销效果,如网络公司可以和传统商家联合,以提供在网络上无法实现的服务。

以上六种是网上促销活动中比较常见又较重要的方式,其他如节假日的促销、事件促销等都可与以上几种促销方式进行综合应用,但要想使促销活动达到良好的效果,必须事先进行市场分析、竞争对手分析以及网络上活动实施的可行性分析,与整体营销计划结合,创意地组织实施促销活动,使促销活动新奇、富有销售力和影响力。

三、网络促销的实施

对于任何企业来说,如何实施网络促销都是一个新问题,网络促销人员必然面对众多的挑战。每一个营销人员都必须摆正自己的位置,深入了解产品信息在网络上传播的特点,分析网络信息的接受对象,设定合理的网络促销目标,通过科学的实施程序,打开网络促销的新局面。

根据国内外网络促销的大量实践,网络促销的实施程序可以由六个方面组成,即:①确定网络促销对象;②设计网络促销内容;③确定网络促销组合形式;④制定网络促销预算方案;⑤衡量网络促销效果;⑥网络促销过程的综合管理和协调。

(一)确定网络促销对象

网络促销对象是针对可能在网络虚拟市场上产生购买行为的消费者群体提出来的。随着网络的迅速普及,这一群体也在不断扩大。这一群体主要包括三部分人员。

1.产品的使用者

这里指实际使用或消费产品的人。实际的需求构成了这些顾客购买的直接动因。抓住了这一部分消费者,网络销售就有了稳定的市场。

2.产品购买的决策者

这里指实际发生购买行为的人。在许多情况下,产品的使用者和购买决策者是一致的,特别是在虚拟市场上更是如此,因为大部分的上网人员都有独立的决策能力,也有一定的经济收入。但在另外一些情况下,产品的购买决策者和使用者则是分离的,例如,中小学生在网络光盘市场上看到富有挑战性的游戏,非常希望购买,但实际的购买决策往往需要学生的父母做出。婴儿用品更为特殊,产品的使用者毫无疑问是婴儿,但购买的决策者却是婴儿的母亲或其他有关的成年人。所以,网络促销同样应当把购买决策者放在重要的位置上。

3.产品购买的影响者

这里指看法或建议上对最终购买决策可以产生一定影响的人。在低价、易耗日用品的购买决策中,产品购买的影响者的影响力较小,但在高价耐用消费品的购买决策中,产品购买的影响者的影响力较大,这是因为对高价耐用品的购买,购买者往往比较谨慎,希望广泛征求意见后再作决定。

(二)设计网络促销内容

网络促销的最终目标是希望引起消费者的购买。这个最终目标是要通过设计具体的信息内容来实现的。消费者的购买过程是一个复杂的、多阶段的过程,促销内容应当根据购买者目前所处的购买决策过程的不同阶段和产品所处的生命周期的不同阶段来决定。一般来讲,一项产品完成试制定型后,从投入市场到退出市场,大体上要经历四个阶段:投入期、成长期、成熟期和衰退期。在新产品刚刚投入市场的开始阶段,是消费者对该种产品还非常生疏的阶段,促销活动的内容应侧重于宣传产品的特点,引起消费者的注意。当产品在市场上已有了一定的影响力,促销活动的内容则需要偏重于唤起消费者的购买欲望;同时,还需要创造品牌的知名度。当产品进入成熟阶段后,市场竞争变得十分激烈,促销活动的内容除了针对产品本身的宣传外,还需要就企业形象做大量的宣传工作,树立消费者对企业产品的信心。在产品的衰退阶段,促销活动的重点在于密切与消费者之间的感情沟通,通过各种让利促销,延长产品的生命周期。

(三)决定网络促销组合方式

促销组合是一个非常复杂的问题。网络促销活动主要通过网络广告促销和网络站点促销两种促销方法展开。企业应当根据网络广告促销和网络站点促销两种方法各自的特点和优势,根据自己产品的市场情况、顾客情况,扬长避短,合理组合,以达到最佳促销效果。

网络广告促销主要实施"推战略",其主要功能是将企业的产品推向市场,获得消费者的认可。网络站点促销主要实施"拉战略",其主要功能是将顾客牢牢地吸引过来,保持稳定的市场份额。

一般说来,日用消费品,如化妆品、食品饮料、医药制品、家用电器等,网络广告促销的效果比较好,而大型机械产品、专用品则采用网络站点促销的方法比较有效。在产品的成长期,应侧重于网络广告促销,宣传产品的新性能、新特点。在产品的成熟期,则应加强自身站点的建设,树立企业形象,巩固已有市场。企业应当根据自身网络促销的能力确定两种网络促销方法配合使用的比例。

(四)衡量网络促销的效果

网络促销实施到一定阶段,必须对已经执行的促销内容进行评价,衡量促销的实际效果是否达到了预期的促销目标。对促销效果的评价主要依赖于两个方面的数据。一方面,要充分利用互联网上的统计软件,及时对促销活动的好坏做出统计。这些数据包括主页访问人次(impression)、点击次数(click-through)、千人广告成本(cost per-one-thousand impression,CPM)等。在网上,你可以很容易地统计出你的网点的访问人数,也可以很容易地统计广告的阅览人数,甚至可以告诉访问者,他是第几位访问者。利用这些统计数据,网上促销人员可以了解自己在网上的优势与弱点,以及与其他促销者的差距。另一方面,可以通过销售量的增加情况、利润的变化情况、促销成本的降低情况来判断促销决策是否正确。同时,还应注意促销对象、促销内容、促销组合等方面与促销目标的因果关系的分析,从中对整个促销工作做出正确的判断。

任务五 网络广告

以互联网为传播媒介的网络广告(internet advertising)已成为现代社会中最热门的广告形式,无论广告公司还是营销企业都面临着改变营销传播方式及选取媒体的挑战和机遇。与传统的四大媒体(报纸、杂志、电视、广播)广告和户外广告相比,网络广告具有得天独厚的优势,是实施现代营销战略的重要手段之一。

从2016年9月1日起,国家工商行政管理总局公布的《互联网广告管理暂行办法》正式施行,明确界定了互联网广告,要求互联网广告应当具有可识别性,显著位置标明"广告",付费搜索广告应当与自然搜索结果明显区分。互联网页面弹窗广告要能一键关闭。在粉丝经济中,网红、明星的微博、微信等自媒体发布商业广告,也要在显著位置标明"广告"。值得注意的是,朋友圈、微博等社交媒体转发广告也要符合规定,否则就要承担相应责任。

一、网络广告概述

广告是通过一定的传播媒介向目标受众传达特定信息的活动。与电视广告、报纸广告一样,网络广告只是广告的一种形式,它与其他广告形式的区别是传播媒介的不同。所以,网络广告是基于网络媒体的一种电子广告形式。

网络广告又称在线广告、互联网广告等,是指以网络作为广告媒体,采用相关的多媒体技术设计制作,并通过网络传播的广告形式。网络广告的传播内容是通过数字技术进行艺术加工和处理的信息,广告主通过互联网传播广告信息,使广告受众对其产品、服务或理念等认同和接受,并诱导受众的兴趣和行为,以达到推销产品、服务和理念的目的。

二、网络广告的主要形式

最初的网络广告就是网页本身。随着网络信息技术的发展,网络广告的形式也越来越多。常见的网络广告形式有以下几种。

(一)旗帜广告

旗帜广告(banner)是网络广告最初采用的形式,也是网络广告的主要形式。旗帜广告也可译为标语广告、横幅广告等,是网络媒体在自己的网站页面上分割出一定大小的一个画面发布广告,其尺寸多为460像素×80像素,也可根据需要作适当调整。其位置多位于页面上方,也可以根据需要另行安排。旗帜广告本身——一个标题或一个招牌——就已经在一定程度上起到了广告的作用。旗帜广告不仅要吸引网民注意,还要力求吸引网民走向更深处——点击进入,阅读广告内容,吸引更多人的注意,争取更多的点击率,这是广告在设计时必须考虑的重点。

旗帜广告有多种表现形式和规格,其中最早出现且最常用的是 468 像素×60 像素的标准旗帜广告。根据旗帜广告的规格不同,可称为横幅广告、条幅广告、按钮广告、摩天大楼广告等。

(二)文本链接广告

文本链接广告是一种对浏览者干扰较少、效果较好的网络广告形式。文本链接广告位置的安排非常灵活,可以出现在页面的任何位置,可以竖排也可以横排,每一行就是一个广告,单击每一行都可以进入相应的广告页面。

(三)电子邮件广告

电子邮件是网民经常使用的互联网工具之一。电子邮件广告针对性强、费用低、广告内容不受限制。

电子邮件广告一般采用文本格式或 HTML 格式。文本格式广告,通常是把一段文字广告信息放置在新闻邮件或经许可的 E-mail 中,或设置一个统一资源定位符(URL),链接到广告主公司主页或提供产品和服务的特定页面;HTML 格式的电子邮件广告可以插入图片,与网页上的旗帜广告基本相同。由于许多电子邮件系统的兼容性不强,所以网民有时看不到完整的 HTML 格式的电子邮件广告,影响广告效果。相比之下,文本格式的电子邮件广告因兼容性好,广告效果也比较好。

(四)插播式广告和弹出式广告

插播式广告是在两个网页内容显示切换的间隙显示的广告,也称为过渡页广告。插播式广告有各种尺寸,有全屏的也有小窗口的,有静态的也有动态的,互动的程度也不同。浏览者可以通过关闭窗口不显示广告,但广告的出现却没有任何征兆。

弹出式广告是在已经显示内容的网页上出现的、具有独立广告内容的窗口,一般在网页内容下载完成后弹出广告窗口,直接影响访问者浏览网页内容,因而会引起受众的注意。

弹出式广告的另一种形式是隐藏式弹出广告,即广告信息是隐藏在网页内容下面的,网页刚打开时不会立即弹出,当关闭网页窗口或对窗口进行操作(如移动、改变窗口大小、最小化)时,广告窗口才会弹出。

插播式广告和弹出式广告共同的缺点是可能引起浏览者的反感。为此,许多网站都限制了弹出窗口式广告的规格(一般只有 1/8 屏幕的大小),以免影响访问者的正常浏览。

(五)分类广告

分类广告是指广告商按照不同的内容划分标准,将广告信息以详细目录的形式进行分类,以供有明确目标和方向的浏览者进行查询和阅读。由于分类广告带有明确的目的性,所以受到许多行业的欢迎。

(六)关键词广告

关键词广告是指显示在搜索结果页面的网站链接广告,它按点击次数收取广告费。关键词广告具有较高的定位程度,可以提供即时的点击率效果,可以随时修改关键词,收费也比较合理,因而逐渐成为搜索引擎营销的常用形式。打关键词广告,最重要的是选好关键词。关键词选得好,不但可使广告费花在刀刃上,而且能最大限度地吸引专业客户。对于关键词广告,客户可以自定每天的点击次数,一旦超过,就自动停止,以便控制广告费预算。

二、网络广告的发布途径

广告主如何通过互联网发布广告呢?从目前来看,一般有以下几种方式,企业可以根据自身的需求,从中选择一种或几种方式。

(一)主页形式

对于大公司来说,建立自己的主页是一种必然的趋势。这不但是一种企业形象的树立,也是传播产品信息的良好工具。实际上,在互联网上做广告,归根到底是要设立公司自己的主页。其他的网络广告形式,无论是黄页、工业名录、免费的互联网服务广告,还是网上报纸、新闻组,都是提供了一种快速链接至公司主页的形式,所以说,在互联网上做广告,建立公司的 Web 主页是最根本的。主页形式是公司在互联网上进行广告传播的主要形式。按照今后的发展趋势,一个公司的主页地址也会像公司的地址、名称、标志、电话、传真一样,是独有的,是公司的标识,将成为公司的无形资产。

(二)专类销售网

这是一种专类产品直接在互联网上进行销售的方式。现在有越来越多这样的网络出现,著名的如 Automobile Buyer's Network、AutoBytel 等。以 Automobile Buyer's Network 为例,消费者只要在一张表中填上自己所需汽车的类型、价位、制造者、型号等信息,然后轻轻按一下 Search(搜索)键,计算机屏幕上就可以马上出现完全满足你所需要的汽车的各种细节,当然还包括何处可以购买到此种汽车的信息。另外,消费者考虑购买汽车时,很有可能首先通过此类网络进行查询,所以对于汽车代理商和销售商来说,这是一种很有效的互联网广告方式。汽车商只要在网上注册,那么他所销售的汽车细节就进入了网络的数据库中,也就有可能被消费者查询到。与汽车销售网相似,其他类别产品的代理商和销售商也可以连入相应的销售网络,从而无须付出太大的代价就可以将公司的产品及时地呈现在世界各地的用户面前。

(三)免费互联网服务

互联网上有许多免费的服务,如国外的 http://bigfoot.com, http://www.

hotmail. com 及国内的 http://www. 163. net 等都提供免费的 E-mail 服务,很多用户都喜欢使用。由于互联网上广告内容繁多,即使公司建有自己的 Web 主页,但是需要用户主动通过大量的搜索查询工作,才能看到广告的内容。而这些免费的互联网服务就不同,它能帮助公司将广告主动送至想查询此方面内容的用户手中。具体说来,此种方式有诸多特点。

一是主动性强。所有的使用者都可以按照自己的喜好和兴趣选择订阅一些免费信息。一旦你选择订阅了有关的信息,就可以定期地收到所订阅的信息,当然,其中包含着广告内容。不过,用户既可以随时增加订阅,也可以随时修改或停止订阅信息内容。

二是统计性好。每一个用户在第一次使用免费 E-mail 时,必须详细地填写一张用户档案(member profile)。这就使得提供免费 E-mail 的服务商能详细地知道使用者的具体情况,若有公司利用免费 E-mail 做广告,免费 E-mail 服务商就会每月给你一份调查报告,告诉你在这个月中有多少用户看了你的广告,又有多少用户进一步了解了广告的内容,即按了广告的图标。在每月报告中,免费 E-mail 服务商还会提供对你的产品或服务感兴趣的用户的具体情况的统计资料。

三是针对性强。随着免费 E-mail 会员的进一步增加,广告主还可以根据使用者的特性,如地域、年龄、性别、家庭收入、职业、受教育水平、兴趣爱好、婚姻状况等,有针对性地发布自己的广告。

(四)网络内容服务商

由于网络内容服务商(internet content provider,ICP)提供了大量的互联网用户感兴趣并需要的免费信息服务,网站的访问量非常大,是网上最引人注目的站点,如新浪、搜狐、网易等包括新闻、评论、生活、财经等全方位的内容。目前这些网站是网络广告发布的主要阵地,但在这些网站上发布广告的主要形式是旗帜广告。

(五)网上报纸或杂志

在互联网日益发展的今天,新闻界也不落人后,一些世界著名的报纸和杂志,如美国的《华尔街日报》《商业周刊》,国内的如《人民日报》《文汇报》《中国日报》等,纷纷在互联网上建立自己的 Web 主页。而更有一些新兴的报纸与杂志,干脆脱离了传统的"纸"的媒体,完完全全地成了一种"网上报纸或杂志",反响非常好,每天访问的人数不断上升。可以预计,随着计算机的普及与网络的发展,网上报纸与杂志将如同今天的纸质报纸与杂志一般,成为人们必不可少的生活伴侣。对于注重广告传播的公司来说,在这些网上杂志或报纸上做广告也是一个较好的传播渠道。

(六)搜索引擎

广告主根据企业的特点、产品的特色等来确定相应的关键词,同时撰写相应的广告内容,在搜索引擎上进行投放。当网络用户使用搜索引擎进行搜索时,如果是该关键词,点击该广告,则广告主需支付规定的费用;否则,不需支付费用。

(七)社交媒体广告

社交媒体广告指的是利用社交媒体投放广告的形式。以腾讯系为例,腾讯社交广告可以将你的广告呈现在微信朋友圈、公众号、QQ 等多种广告场景,有效帮助企业推广移动应用、本地生活服务、品牌活动、增加在线销量、获得潜在优质粉丝关注等。

实训小任务

1.请选择一个感兴趣的类目,分享你所知道的品牌有哪些,并调查分析这些品牌的知名度是如何逐步发展起来的。

2.请进入淘宝网,输入"水杯"或其他关键词,看看产品的定价,并选定一个产品,对比不同卖家的价格,思考什么因素会影响你的购买决策。

3.如果你有一家网店,销售的商品类目是农特产品,请尝试为自己的网店设计渠道策略。

4.四人一组,分小组调查生活中常见的网络营销促销方式,并尝试分析这些促销方式的利与弊。

项目七　网络营销工具

【学习目标】

1. 了解网络营销的基本推广工具；
2. 熟悉各种网络营销工具的操作要点；
3. 能够灵活运用各种网络营销工具。

【引导案例】

微信直销草鸡蛋，线上交易线下送达

在某公司做了 4 年文员的尤达，2013 年毅然辞职回到老家承包一片山地，养起草鸡。此前，尤达的姐姐一直从事草鸡蛋销售工作，通过农业合作社收养殖户的鸡蛋，再卖给消费者。尤达意识到"二传手"不但增加了鸡蛋销售成本，而且没有稳定的蛋源供应，于是尤达和姐姐共同投资建起养殖场，姐姐负责老渠道销售，尤达负责微信、微博直销的新渠道开发。

通过线上直销，尤达的账户"互粉"了很多好友，在线养殖场、饲养过程的展示吸引了不少市民线上订购，尤达收到订单后，直接配送上门。尤达已经积累了 2000 多名稳定粉丝。

尤达卖的鸡蛋定价 1.5 元一只，线上交易 9 个月以来，先后卖了 3 万只草鸡蛋，实现了他最初预设的目标。

（资料来源：http://www.xuexila.com/success/chenggonganli/540117.html.）

任务一　微信营销

一、认识微信营销

（一）微信起源与微信营销

1. 微信起源

微信是一种即时通信工具，是腾讯公司于 2011 年 1 月 21 日推出的手机端免费应用程序,通过网络发送文字、图片和语音短信。微信提供公众号、朋友圈、消息推送等功能,用户可以通过"扫一扫""摇一摇""附近的人""雷达加好友"等方式添加好友和关注公众号,同时将内容分享给好友以及将用户看到的精彩内容分享到微信朋友圈。截至2022年3月底,微信活跃用户已超过12.8亿,是亚洲地区最大用户群体的移动即时通信软件。

2. 微信营销

微信营销是网络经济时代利用手机端免费即时通信工具的企业营销模式,实现移动互联网络营销。用户注册微信后,可与周围同样注册的"朋友"形成一种联系,用户订阅自己所需的信息,商家通过提供用户需要的信息,推广自己的产品,从而实现点对点的营销。微信营销主要体现在针对移动客户端进行的区域定位营销,商家通过微信公众号,展示商家微官网、微会员、微推送、微支付、微活动,形成了一种线上线下组合的互动营销。

(二)微信公众号

微信公众号是微信的一个功能模块,个人和企业都可以打造一个微信公众号,并实现与特定群体的文字、图片、语音、视频的全方位沟通、互动。微信营销是利用公众号平台进行自媒体营销活动,简单来说就是进行一对多的媒体性营销活动。微信营销公众号主要有:①服务号。服务号为企业或组织提供更强大的业务服务与用户管理能力,帮助企业或组织实现及时、贴心的服务。在朋友对话列表中显示信息内容,每月群发4次。②订阅号。订阅号为媒体和个人提供一种信息传递方式,构建与读者之间的沟通与管理模式。在"订阅号"文件夹中显示信息,每天群发一次。③企业号。企业号为企业或组织提供移动应用入口,帮助企业与员工、上下游供应链间建立连接。

(三)微信朋友圈

微信朋友圈指的是微信上的一个社交功能,用户可以通过朋友圈发表文字、图片和视频等。用户可以对朋友新发的照片进行"评论"或"点赞",用户只能看相同朋友的评论或点赞。朋友圈还有网页链接、广告、拉黑、分组、地点和@等功能。从2012年4月19日发布微信版本4.0,到2015年1月25日朋友圈上线广告,朋友圈的功能始终在不断增加中。

(四)微信支付

微信支付是由微信及第三方支付平台财付通联合推出的互联网支付产品。有了微信支付,用户的智能手机就成了一个全能钱包,用户不仅可以通过微信与好友进行沟通和分享,还可以通过微信支付购买合作商户的商品和服务。用户只需在微信中关联一张银行卡,并完成身份认证,即可将装有微信APP的智能手机变成一个全能钱包,之后即可购买合作商户的商品和服务,用户在支付时只需在自己的智能手机上输入密码,无须任何刷卡步骤即可完成支付。

二、微信营销的实施

(一)微信营销的优势

1. 内容完整

微信公众号群发的每一条信息(文字、图片、视频等)都能够准确无误地发送到移动终端,为微信营销打下了便捷沟通的良好基础。

2. 受众精准

企业营销目标人群如果主动订阅公众号,则成为账号粉丝,他们对群发信息无抵触情绪,将主动获取微信公众号信息,使微信营销信息展示具备了亲和力。

3. 曝光率高

微信具有信息提醒功能,红点提醒未阅读信息,信息直达客户手机,客户可以百分百看到信息,所以微信公众号关注度高,曝光率高。

4. 良好客户管理

通过客户管理,区分老客户和新客户,分别定时发送特定信息,避免垃圾信息。可以和客户互动,设置查询、搜索等功能,进行良好的客户管理。

(二)微信经营诀窍

1. 微信营销专业团队

应有专人经营微信,才能产生营销效果。如果只是偶尔发发微信,这样的推广传播效果是有限的。

2. 微信营销内容独创

要写出与产品或者服务相关的内容,突出自己的特色,只有吸引消费者的注意,才能运用好微信。

3. 内容符合消费者的需求

只有符合消费者需求的文字,才能激发消费者的兴趣,引起消费者的注意。内容要引导消费者关注与转发。

4. 微信营销的核心是互动

进行微信营销,要保持与客户之间的沟通和联系,关心自己的客户,了解客户的感受,设计出属于企业自己的标题和内容信息,让客户心动。

5. 做好用户分级

进行客户的分级,逐步地优化用户,新客户可以用来炒作,粉丝圈用来传播,老客户必须巩固。

6. 定向传播

利用业内专业人士,或者意见领袖去帮你转发文章,可以影响到这些重要人物的粉丝,效果超出你的想象。

7. 增强账号黏性

通过设立好记的微信公众号、合理划分客户组别、发布符合客户需求的信息、与粉丝频繁互动、采取一系列不断取悦粉丝的做法,最终不仅粉丝数量不断增加,而且让粉丝对企业公众号产生依赖。

总而言之,微信运营诀窍的核心在于,注重客户,贴合自己的实际,以销售为目的,引导客户去为你做最大的推广和营销,让企业微信公众号人气升起来。

(三)微信写作技巧

文章撰写要考虑行业特点、产品特点、消费成熟度、目标消费者文化结构、地域文化等因素。微信的写作技巧如下。

1. 核心扩展法

先将核心产品单独列出来,再从产品的销售方法、产品特点、使用效果等方面对核心内容进行扩展,这样微信营销软文就不会显得杂乱无章,始终都是围绕着一个中心在表述,这样的内容对读者的引导力会更强。

2. 各个击破法

从产品的每个特点分别单独介绍,配合图片,突出产品功效。这种微信软文可以将产品卖点充分介绍清楚,总有一个卖点是能够吸引用户的。

3. 倒三角写法

如果微信营销软文篇幅较长,人们是没有耐心读完全文的,所以在编写软文的时候尽量将重点浓缩在第一段,先将读者的胃口吊起来,再继续解释为什么要看这篇文章,最后再强调产品的优势,为客户产生购买欲再推一把力。

4. 吸引人的标题

软文标题首先要引人注目,因此标题应包含产品特色关键词,吸引人们点击。

5. 消费者案例引导

网络上买东西看买家评论,消费过的用户说的话更有分量,对产品的评价最能影响客户的判断力。要想迎合用户的这种观望心理,需要微信软文充分利用买家秀、买家心得等发挥引导作用。

6. 精美图片必不可少

一篇成功的微信软文离不开精美图片的配合,结合企业新闻图片、产品详情图片、消费者使用前后效果对比图片等将内容和图片合理地分布在文章内,一篇精美的图文消息就完成了。

任务二　短视频营销

一、认识短视频营销

(一)短视频的发展

短视频是近年网络视听的一个新兴业态,短视频用户规模、网民使用率和市场规模近年保持快速增长态势,截至 2022 年 6 月,我国网络视频(含短视频)用户达 9.95 亿人,较 2021 年 12 月增长 2017 万人,占网民总数的 94.6%。

从 2011 年"GIF 快手"短视频萌芽开始,短视频如雨后春笋般在传媒行业迅速发展起来。2011—2021 年的十年发展期,短视频行业经历了从早期"从无到有"的增量市场,到如今"从多到优"的存量市场的转变。随着短视频使用频率和时长的变化,短视频的内容生态也在不断延展,视频内容已经不再单纯局限在娱乐范畴,新闻、影视、生活、美食、在线教育、旅游、科普等逐渐兴起,短视频以多元的角色深入用户生活、嵌入社会已成为常态。

(二)短视频营销的定义

所谓短视频营销,就是将品牌或者产品融入视频中,通过剧情设计将其演绎出来,与传统广告不同,有"润物细无声"的效果,在用户看的过程中,能不知不觉地将产品推荐给用户,使用户产生共鸣并主动下单和传播分享,从而达到裂变引流的目的。我们可以简单地把短视频营销理解为企业和品牌所有者将短视频作为一种营销媒介,它可以使视频内容实现病毒式快速传播。与传统方式相比,短视频更加生动形象,具有感染力。

(三)短视频营销的优势

短视频营销有哪些优势呢? 为什么能受到如此多品牌与企业的青睐呢?

1. 内容精炼,符合用户习惯

在 5G 时代,人们对于信息的获取已经脱离了传统信息获取的时间限制,而在新媒体平台上播放适合在移动状态和休闲状态下观看的视频内容,视频时长一般在 15 秒至 5 分钟之间,更容易被人们接受。与文字和图片相比,视频能给用户带来更好的体验,在表现形式上也更生动形象,能把创作者想要传达的信息更真实、生动地传达给观众。由于时间的限制,短视频展示的内容往往是精髓,符合用户碎片化的阅读习惯,减少了人们的时间成本。短视频的核心理念是时间短,如果内容不精,在短视频的前 3 秒不抓住用户,那用户可能就流失了。短视频营销有许多优势,吸引了众多企业纷纷采用。

2. 形式丰富,吸引用户注意

为了能在视频短短的播放时间内吸引用户,创作者们往往采用富有个性和创意的剪辑手法,或制作精美震撼,或使用更有节奏感的转场和节奏,或幽默,或加入解说、评论等,让人看了还觉得不过瘾,想再看一遍,不少视频的拍摄方式还会引起众多人跟风拍摄。而创作者们时常要创新视频制作形式,不拘泥于单一的创作手法,从而满足不断变化的用户需求。

3.互动交流,用户黏性强

在智能时代,社交平台缩短了人与人之间的距离,也方便了人们之间的交流与互动。在各个短视频应用中,用户可以对视频进行点赞、评论,还可以给视频发布者发私信,视频发布者也可以回复评论。这样增强了发布者与用户之间的互动,增加了黏性,体现了短视频的另一个重要价值——拉近距离,实现交流。

4.贴近用户,唤起共鸣

人人都有自己的演戏梦,每个素人也都想当明星。短视频的兴起,让大多数草根短视频创作者都火了一把。与传统媒体相比,短视频的制作门槛较低,短视频的创作者可以根据市场的走向和近期热门的内容进行创作,这类作品选题往往来源于普通人的生活,与视频观看者的生活息息相关,容易唤起他们的共鸣,深受众多网友的喜爱。

二、主流新媒体短视频平台类型

在电商中,短视频已经成为内容营销的一种重要形式,为不少电商企业带来了大量的流量。短视频运营者们要想做好内容运营,首先需要了解目前有哪些主流新媒体短视频平台,这样才能在发布短视频时选择一个合适的平台。

(一)抖音短视频

抖音是一款音乐创意短视频社交软件,由今日头条孵化,该软件于 2016 年 9 月 20 日上线,用户可以通过这款软件选择歌曲,拍摄音乐短视频,形成自己的作品。通过抖音短视频 App,你可以分享你的生活,同时也可以在这里认识到更多的朋友,了解各种奇闻趣事。抖音也会根据用户的爱好,来更新用户喜爱的视频。

抖音实质上是一个专注于年轻人的 15 秒音乐短视频社区,用户可以选择歌曲,配以短视频,形成自己的作品。它与小咖秀类似,但不同的是,抖音用户可以通过视频拍摄快慢、视频编辑、特效(反复、闪一下、慢镜头)等技术让视频更具创造性,而不是简单地对嘴型。

(二)快手短视频

快手的前身叫"GIF 快手",诞生于 2011 年 3 月,最初是一款用来制作、分享 GIF 图片的手机应用软件。2012 年 11 月,快手从纯粹的工具应用转型为短视频社区,定位于用户记录和分享生活。后来,随着智能手机的普及和移动流量成本的下降,快手在 2015 年以后迎来了快速发展。2022 年第二季度,快手平均日活跃用户已经达到 3.47 亿,同比增长 18.5%;快手电商交易总额达 1912 亿元,同比增长 31.5%,快手电商复购率同比和环比均实现增长;快手直播收入达 86 亿元,同比增长 19.1%。

快手是一款简单好用的 GIF 动态图片制作工具,里面有精彩的瞬间、最萌的宠物,用户可以很方便地将视频短片转换为 GIF 格式动画,并可以直接分享至腾讯微博。快手启动迅速,并且没有设置欢迎画面,因此用户仅需等待 1 秒左右即可进入软件的主界面。快手的界面很简洁,用户可以通过两种途径来制作 GIF 格式动画,直接用摄像头拍摄短片或是从相册中挑选一组拍好的照片。

(三)美拍

美拍是美图秀秀旗下的一款短视频拍摄软件,它来源于其对用户属性、自身定位以及行业的认知。根据美拍官方数据显示,美拍用户中 76% 为女性,其中 87% 为“90 后”,60% 居住在一、二线城市。因此,美拍的用户构成具有鲜明的女性化、年轻化、城市化特征。

美拍“兴趣社区”的产品定位体现“去中心化”,旨在保护内容的多元化,让更多新生的内容获得平等的扶持,培育更丰富的社区生态。未来,美拍将在产品、内容层面持续更新与升级,巩固“兴趣社区”的差异化竞争优势。

美拍可以依托于美图秀秀软件,将整段的视频拍摄成 MV 特效,自动配乐,智能剪辑、滤镜,使得你仅仅通过你的手机就可以拍摄出美轮美奂的 MV。

(四)小红书

小红书是一个生活方式平台和消费决策入口。在小红书社区,用户通过文字、图片、视频笔记的分享,记录了这个时代年轻人的正能量和美好生活,成为连接消费者和优秀品牌的纽带。2021 年 12 月,小红书入选“中国十大独角兽”榜单第七名。

从小红书的市场定位和目标人群来看,主要为 UGC 社区(用户原创内容)＋电商,用户画像偏向于年轻女性,且主要分布于沿海及一、二线城市。这一类女性的特点是喜爱时尚潮流,有一定的时间和经济能力,对于新事物的接受能力强。由此可见,很多用户把小红书当作可以学习和进步的平台,希望能在小红书上找到能帮助自己的内容。

基于对提高自身的诉求,用户会主动在小红书平台上搜索,从这可以看出用户对小红书的信赖程度较高,小红书对于女性来说更像是一本百科全书,而且在小红书一个平台就能搜到几乎所有想了解的内容,说明小红书笔记的涵盖范围广,这也是小红书自身优势所在。

三、短视频内容策划

一款优质的短视频,其内容策划是非常重要的,它决定着内容的调性和目标受众。电商短视频的内容策划可以从以下 3 个方面来考虑。

(一)产品展示型的短视频

产品展示,主要包括拆开包装、讲解产品和使用体验等环节,可以让观众对产品有一个较为完整的认识。产品展示型的短视频通常又被称作开箱视频。一个典型的手机开箱视频如图 7-1 所示,视频首先会向观众展示整个开箱过程,即从完整的包装中取出产品,然后进行产品测试,并对测试结果进行评价。制作开箱视频一般要注意以下 3 个方面。

1.开箱者的演示技能与经验

开箱者在整个流程中负责讲解，他（她）必须控制好整个视频的节奏，并采用具有特色的讲解方式向观众展示产品，让观众能够充分了解产品的特点和优缺点，因此开箱者的演示技能和经验都非常重要。比如，一个幽默的开箱者，能够将枯燥的产品知识讲解得非常有趣，并且可以有效提高产品的销售量。

图 7-1　一款手机的开箱视频

2.着重营造代入感

无论是看电影还是小说，代入感能让观众或读者有身临其境的感觉，从而能够对故事产生认同感。开箱视频同样也需要营造一种代入感，开箱者在测试的过程中，可以不断地描述自己的产品体验，让观众产生自己在使用的感觉，从而对产品产生更深刻的印象。

3.在短视频制作过程中营造神秘感

有的开箱视频在开箱之前不会告诉观众将要展示的是什么产品，这类短视频可以在开箱前适当地营造一些悬念，引起观众的好奇心；如果产品有一些较为特殊的功能，开箱者也可以先提出疑问，勾起观众的好奇心之后再进行解答；如果产品还附带一些小礼物，那么也可以在拆开之前让用户猜一猜，然后再拆开礼品，让用户的好奇心得到满足。这些都是营造神秘感的常用手法，而神秘感可以增加视频的趣味性，能让用户带着探索解密的心理将视频从头看到尾，从而更容易让用户对介绍的产品感兴趣。

（二）内容型短视频

内容型短视频是指有具体故事情节的短视频，比如店铺故事、品牌故事、创意广告等。

创作内容型短视频，要注意以下两点。

1.精心选择短视频的主题

主题是短视频的灵魂，将产品以一个合适的理由包装起来，让用户在接受这个理由的同时也接受产品。例如，某平台曾经以"美好的事物能治愈"为主题推出系列短视频，打动了很多消费者，取得了巨大的成功。

2.无须过分纠缠于情节

不少人在制作内容型短视频时，总是陷入一个误区，即必须编出一个好情节。有好的情节当然不错，没有好的情节，单纯经创意取胜也是可以的。例如，某短视频倒着播放一个人在街上倒着走路的过程，经过一定处理以后，看起来非常神奇，这同样能够打动观众，让其记住视频中推广的产品。

(三)教学型短视频

教学型短视频的主要目的是教会观众一些知识,让观众在学习知识或技巧的同时认可产品或品牌。制作教学型短视频的内容时,需要注意以下两个要点。

1. 适当使用文字描述

有的人可能认为教学型视频只要讲解清楚就可以了,其实不然,适当地添加文字描述还是很有必要的。文字描述可以避免产生误解、提示重点、补充内容,是一个很好的辅助工具。因此,短视频创作者应该在视频画面的醒目位置添加重点文字描述,并使之反复多次出现,帮助观看视频的用户强化记忆。某店铺推出了一则制作蛋糕的教学短视频,视频画面中的每一个制作步骤都会配上相应的文字描述,以加深用户对该视频教学内容的印象。

2. 难度不宜过大

电商商家发布教学型短视频的主要目的在于培养用户的兴趣。因此,这类短视频的教学内容难度不能太大。太复杂的内容容易让学习者产生挫败感,继而放弃观看完整视频,也会影响到用户最后的消费行为。

四、新媒体短视频的创作流程

短视频制作门槛不高,其实每个人都可以成为视频创作者,只需要一部手机或一台相机就可以拍摄视频,然后借助剪辑软件进行后期处理,完成处理后上传平台审核即可。短视频创作流程一般分为四步。

(一)确定主题

无论是制作短视频还是写文章,都要先确定一个主题。确定主题以后,再制作起来就有了明确的目标,也让后面文案撰写的风格和视频拍摄的方式有了方向,主题的确定能更快、更直接地促进后续工作的完成。

有很多新人刚开始制作自媒体时,往往随手拍随手发,没有明确的主题。这种内容发上去是空洞的,平台推荐的概率很低。所以我们如果想做短视频营销,那么首要任务就是明确主题。

(二)制作脚本

脚本是短视频拍摄的依据,一切参与视频拍摄、剪辑的人员(包括摄影师、演员、服装化妆道具准备、剪辑师等)的一切行为都服从于脚本。脚本的最大作用,就是提前统筹安排好每一个人每一步要做的事情。有了脚本,不仅可以提高视频拍摄效率,还能提高视频拍摄质量。

在脚本里,我们要对每一个镜头进行细致的设计,主要包括镜头景别、内容、台词、时长、运镜和道具 6 个要素。

1.镜头景别

镜头景别是指在拍摄的时候,要用远景、全景、中景、近景、特写中的哪一种。

就拿拍摄人物来说,远景就是把整个人和环境拍摄在画面里,常用来展示事件发生的时间、环境、规模和气氛,比如想拍一个旅游景点的全貌。全景就是比远景更近一点,比如把人物的身体整个展示在画面里面,用来表现人物的全身动作,或者是人物之间的关系。中景就是指拍摄人物膝盖至头顶的部分,不仅使观众能够看清人物的表情,而且有利于显示人物的形体动作。近景也就是拍摄人物胸部以上至头部,非常有利于表现人物的面部表情或者其他部分的神态,甚至是细微动作。特写就是对人物的眼睛、鼻子、嘴、手指、脚趾等的细节进行拍摄,适合用来表现需要突出的细节。

2.内容

内容就是把你想要表达的东西通过各种场景进行呈现,具体来讲就是拆分剧本,把内容拆分在每一个镜头里面。

3.台词

台词是为镜头表达准备的,起到的是画龙点睛的作用,建议用时长为 60 秒的短视频,不要让文字超过 180 个字,不然听起来会特别的累。

4.时长

时长指的是单个镜头的时间长度,提前标注清楚,方便在剪辑的时候找到重点,提高剪辑工作效率。

5.运镜

运镜指的就是镜头的运动方式,从近到远、平移推进、旋转推进都是可以的。下面介绍短视频拍摄中经常用到的一些运镜技巧。

(1)前推后拉。将镜头匀速移近或者远离被摄体,向前推进镜头是通过从远到近地运镜,使景别逐渐从远景、中景到近景,甚至是特写,这种运镜方法容易突出主体,能够让观者的视觉逐步集中。

(2)环绕运镜。拍摄环绕镜头需要保持相机位置不变,通过以被摄体为中心手持稳定器进行旋转移动。环绕运镜犹如巡视一般的视角,能够突出主体、渲染情绪,让整个画面更有张力。

(3)低角度运镜。低角度运镜是通过模拟低位视角,使镜头以低角度甚至是贴近地面的角度进行拍摄,越贴近地面所呈现的空间感越强烈。低角度拍摄能够更加聚焦于某一部位,最常见的莫过于在旅游行走视频中拍摄的腿部运动画面。

运镜方法还有许多,当能够熟练地使用稳定器的时候,就可以在基础的运镜动作上加上其他元素,使镜头看起来更加酷炫,更具有动感。

6.道具

可以选择的道具有很多种,用法也非常多,但需要注意的是,道具要起到画龙点睛的作用,不是画蛇添足,别让它抢了主体的风采。

(三)视频拍摄

拍视频最简单的工具是手机和三脚架,若要追求视频效果可以用单反相机。用手机拍摄要选择高清模式,一般是 1080P。手持拍摄会出现抖动现象,需要用到三脚架稳定镜头。

(四)视频剪辑

视频拍摄完成后就需要剪辑了,剪辑最常见的工作就是把没用的部分裁剪掉,把不同的片段拼接成一个完整的视频。如果用电脑操作,新手可以使用快剪辑,也可以使用相对专业一些的 Pr 软件来剪辑。如果用手机剪辑的话,可以使用快剪辑、剪映,想专业一些的话,还可以用巧影、finalcutpro(IOS 系统支持)等软件。

任务三　直播营销

一、直播的含义

2016 年被业界称为"直播元年",各大品牌都开始打起"直播牌",各式各样的直播平台雨后春笋般兴起。

直播大致可以分为两大类:一类是通过网络观看的电视直播节目,如各种时政新闻、体育比赛和文艺活动的直播,这类直播是通过采集电视模拟信号再转化成数字信号输入电脑,实时上传到网站供人观看的,其中最为著名的莫过于央视网。另一类则是真正意义上的网络视频直播,它是基于在现场架设独立的信号采集设备,再通过网络上传到服务器,发布到网站供人观看的。电影只能向我们展示过去的、单一的时空,电视直播可显现的时空既有现在时又有过去时,而网络直播除具备电视的两大时空之外还具有压缩时空的功能,如同步的文字直播、图片直播、电视直播、手机直播等各种直播频道和样式。随着社会的发展,直播的好处已经十分明显,其能够降低成本,加快信息的传播。各大品牌与商家纷纷探索直播领域。运用直播平台开展营销活动,成了当下最火的一种营销工具。

二、直播的种类

直播的形式多样,比较常见的形式有秀场直播、活动直播、体育直播、游戏直播、生活直播和教育直播等。

(一)秀场直播

秀场直播,顾名思义就是通过直播来展现自己、秀自己。在过去,想成为明星要经过重重筛选,还得有资金和粉丝支持,一般而言会比较困难。而如今有了众多直播平台,只需要开通一个直播号,拥有一台电脑或一部手机就可以推广自己,只要你有真本事,就能获得他人的关注。

秀场主播们通常有着各式各样的才艺。即便你没有才艺，也没关系，只要你能展示出自己的独特之处即可。这样的秀场直播既灵活，门槛又较低，有梦想的年轻人都可以通过这个平台去努力，有的甚至能够赚取丰厚的利润，成为网络中的"小明星"。

(二)活动直播

活动直播主要针对的是企业。比如，某个企业要推出一款新的产品或举办一场大型的销售活动，这个时候直播就可起到提供平台的作用。对企业及其发布内容感兴趣的用户只需要打开手机就能看到企业的活动，这样的宣传途径是前所未有的。

例如，根据人气小说改编的悬疑网剧《十宗罪》曾在上映前举办了一场别开生面的发布会。片方与优酷直播合作，让用户与主演进行实时互动，当场解答观看直播用户的问题，同时也向主演们传达了用户的期盼。这场网剧发布会取得的宣传效果是其他形式的发布会无法比拟的，它在直播中拉近了用户与明星之间的距离。从这个例子可以看出，活动直播能够为企业或娱乐产品带来流量，并起到良好的营销宣传作用。

(三)体育直播

体育直播指的是体育赛事的实时播报，可以说是一种比较成熟的直播类型，同时也是我们耳熟能详的直播方式。体育直播与其他直播形式相似，用户可以通过发弹幕的方式支持自己喜欢的队伍，还可以跟讲解赛事的主播互动。

体育直播有很大的潜力，尤其是在直播一些关注度高的体育赛事时，如足球世界杯、奥运会等，观看直播的用户数量会上涨至几百万甚至几千万，这体现了体育竞技的魅力，也是体育直播一直保持着良好的关注度的原因。

(四)游戏直播

游戏直播在这几年发展的速度之快令人咋舌，这跟游戏的火爆密不可分。游戏直播的性质跟体育直播有几分相似，只是竞技的场所从运动场转移到了电脑面前。游戏玩家借助直播平台可以找到与自己志同道合的小伙伴，还可以方便地交流竞技经验，互相学习游戏技巧，从中获得精神享受。游戏直播让玩游戏从比较单一的竞技活动变成了实时交互的社交活动。游戏直播平台中，比较知名的有斗鱼直播、虎牙直播、熊猫直播、战旗直播等。

游戏直播是一种营利性很强的直播形式，很多人气高的游戏主播月收入上万元，这反映了游戏时代的真实现状。

(五)生活直播

生活直播就是用户使用手机直播软件进行个人日常生活的直播。这种直播不受时间、地点的限制，走到哪里就能直播到哪里。生活直播最大的特点就是与人分享生活点滴。

值得注意的是，在生活直播中，网民们非常喜欢正能量的内容。毫无疑问，正能量是一种积极的生活态度,它以"爱"为名义、以"奋斗"为主题,能与粉丝产生精神上的共鸣。这种生活直播已成为传递正能量的有效途径,是直播发展的正确方向。

(六)教育直播

教育直播是一种比较传统的直播形式。当然,随着时代的发展,也有一些改变,在直播行业占据了一定的市场,毕竟,教育是长盛不衰的。早在2000年,新东方教育科技集团有限公司就推出了直播课堂,并一直在业界保持着良好的口碑与势头。除了老牌培训机构新东方教育科技集团有限公司之外,如今还有很多直播平台看准了教育直播的市场潜力,如中公教育等。

教育直播不仅可以实现远程教育的功能,让学习变得更加便捷,同时还弥补了教育资源分布不均的缺陷,在一定程度上促进了教育公平的实现。

三、直播营销概述

品牌给客户的体验已经成为当下营销的重点。只有客户体验良好,优秀的品牌形象才能根植于客户的内心。

所谓直播营销,是指在现场随着事件的发生、发展进程同时制作和播出节目的营销活动方式,该营销活动以直播平台为载体,以企业品牌的提升或是销量的增长为目的。直播本身就带有强烈的社交性质,因此社交也是直播营销的重点。

正因为直播建立在社交的前提之下,所以目前直播营销才被许多企业视为主流营销模式。观众通过在直播中留言和弹幕,实现观众与观众之间的社交。

四、直播营销的优势

直播营销是一种营销形式上的重要创新,也是非常能体现互联网视频传播优势的营销方式。对于广告主而言,直播营销有着极大的优势。

(一)在某种意义上,在当下的语境中直播营销就是事件营销

除了本身的广告效应,直播内容的新闻效应往往更明显。制造一个事件或者一个话题,相对而言,可以更轻松地进行传播和引起关注。

(二)能体现出用户群的精准性

在观看直播视频时,用户需要在一个特定的时间共同进入播放页面,这其实与互联网视频所倡导的"随时随地性"是背道而驰的。但是,这种播出时间上的限制,也能够让企业真正识别出这批具有忠诚度的精准目标人群。

(三)能够实现与用户的实时互动

相较于传统电视,互联网视频的一大优势就是能够满足用户更为多元的需求。用户不仅仅是单向的观看,还能一起发弹幕吐槽,喜欢谁就直接献花刷礼物打赏,甚至还

能动用民意的力量改变节目进程。

(四)深入沟通,情感共鸣

在这个碎片化和去中心化的时代,人们在日常生活中的交集越来越少,尤其是情感层面的交流越来越浅。直播这种带有仪式感的内容播出形式,能让一批具有相同志趣的人聚集在一起,聚焦在共同的爱好上,情绪相互感染。如果品牌能在这种氛围下做到恰到好处地推波助澜,其营销效果一定是四两拨千斤的。

五、直播营销方式

由于网络直播的门槛非常低,导致出现了许多种直播营销方式。将目前已有的成功直播营销案例进行归纳整合,就可以发现目前的直播营销主要有以下五种方式。

(一)品牌＋直播＋明星

虽然现在已经有很多网红的人气超越了明星,但是当企业想要通过直播塑造品牌形象的时候,在大多数情况下还是会优先考虑拥有固定形象的明星。明星本身就拥有庞大的粉丝群,虽然大多数明星在直播的过程中为了维护自身形象,不能像很多网红那样随心所欲,但是正因为明星维护的自身形象与品牌的形象相契合,才能让被直播吸引过来的粉丝转化为品牌的消费者。这就是"品牌＋直播＋明星"这种直播营销方式被大多数企业选择的原因。"品牌＋直播＋明星"在企业直播营销的所有方式中属于相对成熟、方便执行、容易成功的一种方式,目前已经有很多成功的案例。

在以"草根"直播为主的年代,这些大牌明星的直播往往能迅速抓住观众的注意力,进而产生大量的流量。虽然这种方式见效极快,但其缺陷也不可避免。大部分明星在匆匆直播完毕之后,不会像一些网红那样留下影响较为深远的话题,并且明星直播已经被大量企业利用,观众对明星的好奇心在被大量消磨之后,"品牌＋直播＋明星"产生的效益也会大大减小。因此,企业在利用这种方式进行营销活动的时候,要学会把握时机、适当利用,不能大量、反复利用这种直播营销方式,否则它会很快失效。

(二)品牌＋直播＋企业日常

在直播时代,个人吃饭、购物等日常活动都可以作为宣传个人 IP 的直播内容,那么企业的日常同样也可以作为直播内容进行品牌宣传。实际上,大多数消费者都对产品幕后的"企业日常"非常感兴趣。所谓的"企业日常"包括企业研发产品的过程、企业生产产品的过程等,甚至企业主管开会的状态、员工的工作餐都属于"企业日常"。这些对于企业来说非常平常,甚至还有点琐碎的小事,对于消费者来说却是藏在产品光环下的"机密"。因此,将"企业日常"挖掘出来,搬上直播平台也是一种可以吸引观众注意力的直播营销方式。

(三)品牌＋直播＋发布会

发布会是企业推广新产品常用的手段,但是大多数企业都会选择线下发布会,而一些有前瞻性的企业已经开始尝试利用直播将新品发布会搬到线上。这些企业通过"品牌＋直播＋发布会"进行产品的营销活动,在宣传了新品的同时也达到了与观众互动的目的。通过直播,观众可以直接看到产品的性能以及使用效果,并且直播强大的真实性,让观众在看到产品确实能满足他们需求的时候,也为企业在消费群体中带来好的信誉。企业的线上发布会虽然拥有节省成本、带来流量等好处,但是无法保证能做到毫无瑕疵。企业在利用这种营销方式时一定要提前做好充分的准备,在保证发布会能顺利进行的同时,还要对发布会中可能出现的意外情况进行预防。

(四)品牌＋直播＋综艺

直播发展到现在,主播式的直播方式已处于"满溢"状态。直播平台只有创新才能维持和推动人气,而唯有"内容"才是出路。因此一种新的形式,直播＋综艺出现了。

作为一种很好的用户原创内容(UGC)手段,直播＋综艺最大的优势在于低成本,而网红在C端(面向终端用户或消费者)能给用户带来真实感,并且直播效果也非常好。

在高流量的前提下,品牌主们通常会以赞助或者广告植入的方式进行品牌宣传。一种新的广告植入方法——产品应用化植入产生了,即从产品特性出发,基于特定场景的体验式植入。

与过去比拼产品摆放和Logo大小相比,这种植入方式结合产品特性进行场景设置,成为直播节目中的一个看点。以《饭局的诱惑》为例,嘉宾们在节目中举杯马爹利,用三星盖乐世手机查看身份牌,通过苏宁易购APP下单购买当期MVP大礼,都获得了一个有趣、有效的应用场景,也使品牌大放异彩。

(五)品牌＋直播＋短视频

当下,直播和短视频已成为社媒营销的两大风口,虽然表现形态不太一样,但是两者融合却可以产生不错的营销效果。

因为直播即时性和互动性非常强,但长时间、高流量的消耗并不利于用户在碎片化时间进行传播,这个特点与短视频正好互补。

直播所产生的大量视频内容,可以通过精编、二次剪辑制作成短视频,进行二次传播,而一些短视频平台也正在积极融合直播业务,直播成为其流量直接变现的重要通道,两者相互融合正成为行业的一种趋势。

任务四　搜索引擎营销

一、认识搜索引擎营销

(一)什么是搜索引擎营销

搜索引擎营销(search engine marketing,SEM)就是根据用户使用搜索引擎的方式,利用用户检索信息的机会尽可能将营销信息传递给目标用户。

(二)搜索引擎营销的特点

搜索引擎营销的实质就是通过搜索引擎工具,向用户传递他所关注对象的营销信息。相较于其他网络营销方法,搜索引擎营销有以下特点。

1.主动搜索

网络营销"拉"的价值高于"推"的价值。在电视、平面时代,广告主要靠"推"的方式传达信息给消费者,有一定的强迫性。网络广告要纯靠"推"就很难奏效了。毕竟对于一个网民而言,如果他不点击广告,这个广告就无法传达有效的信息。而搜索的行为则是由消费者发起的,具有主动性,其"拉"的作用更为明显。

正是由于消费者接受信息习惯的改变和使用搜索引擎的网民规模不断扩大,给了搜索营销新的发展空间,更多的应用形式也正在被一一开发。网民获取信息的途径正在改变,目前网民使用最多的网络服务,排在前三位的是搜索引擎、浏览互联网和收发邮件,搜索引擎的年增长率非常高。而消费者行为同样在发生改变,越来越多的消费者习惯在做出购买决策前先进行网络搜索。网络搜索已成为网民获得各种各样信息的首选方式,搜索引擎的营销价值也从信息技术、汽车、房产等领域逐步向日用消费品等领域扩张。

2.定位精准

搜索引擎具有先天的营销优势。与传统媒体被动推送信息不同,在搜索引擎上,消费者在主动寻找感兴趣的产品和信息,他的搜索行为本身就表明了对某产品的兴趣,因此营销效果就更加精准,而精准无疑是所有广告主最关注的。"我知道,有一半的广告费浪费了,但是我不知道浪费在哪儿",这句话在广告界流传甚广。越来越多的广告主已经不只是希望能找到精准的目标受众和目标消费者,而是希望能让潜在客户自己轻松找上门。企业营销管理也已经进入了"精准营销"时代,企业比任何时候都需要与目标消费群体进行精准沟通。搜索营销就是让目标客户主动找上门,提供他们所需的信息,牢牢锁住目标客户群体。潜在消费者是"我需要信息所以我点击你",而不是被动接收信息。

3.覆盖广泛

搜索引擎营销是在全球范围的网络平台上进行推广,覆盖面广泛。搜索引擎营销针对的目标客户的范围极其广泛,市场具有全球性。营销的最终目标是占有市场份额,由于互联网能够超越时间约束和空间限制进行信息交换,使营销摆脱时空限制进行信息传播成为可能,可随时随地提供全球性营销服务。

4.成本可控

搜索引擎营销仅当用户点击广告时,广告主才需要支付费用。只用极短的时间,就可以让广告主的广告展示在搜索到的页面上。搜索引擎营销能有效避免恶意点击,减少无效支出。

二、搜索引擎营销的四个目标层次

在不同的发展阶段,搜索引擎营销具有不同的目标,最终的目标在于将浏览者转化为真正的顾客,从而实现销售收入的增加。

搜索引擎营销可分为四个层次,可分别简单描述为存在层、表现层、关注层和转化层。

第一层是存在层,其目标是在主要的搜索引擎/分类目录中获得被收录的机会,这是搜索引擎营销的基础之一。搜索引擎登录包括免费登录、付费登录、搜索引擎关键词广告等形式。存在层的含义是让网站中尽可能多的网页获得被搜索引擎收录(而不仅仅是网站首页),也就是增加网页的搜索引擎可见性。

第二层是表现层,其目标则是在被搜索引擎收录的基础上尽可能获得好的排名,即在搜索结果中有良好的表现,因为用户关心的只是搜索结果中靠前的少量内容。如果利用关键词检索时在搜索结果中的排名靠后,那么有必要利用关键词广告、竞价广告等形式作为补充手段来实现排名靠前这一目标。同样,如果在分类目录中的位置不理想,则需要在分类目录中同时考虑利用付费等方式获得排名靠前。

第三层是关注层,其目标则直接表现为网站访问量,也就是通过搜索结果点击率的增加来达到提高网站访问量的目的。由于只有受到用户关注,经过用户选择后的信息才可能被点击,所以称为关注层。从搜索引擎的实际情况来看,仅仅做到被搜索引擎收录并且在搜索结果中排名靠前是不够的,因为这并不一定能增加用户的点击率,更不能保证将访问者转化为顾客,要通过搜索引擎营销实现访问量增加的目标,则需要从整体上进行网站优化设计,并充分利用关键词广告等有价值的搜索引擎营销专业服务。

第四层是转化层,其目标是通过访问量的增加转化为企业最终收益的提高。转化层是前面三个目标层次的进一步提升,是各种搜索引擎方法所实现效果的集中体现,但并不是搜索引擎营销的直接效果。从各种搜索引擎策略到产生收益,其中间效果表现为网站访问量的增加。网站的收益是由访问量转化而成的,从访问量转化为收益则是由网站的技术、功能、服务、产品等多种因素共同作用决定的。因此,第四个目标在搜索引擎营销中属于战略层次的目标,其他三个层次的目标则属于策略范畴,具有可操作性和可控制性的特征,实现这些基本目标是搜索引擎营销的主要任务。

三、搜索引擎营销的基本方法

(一)搜索引擎广告

网站信息在搜索结果中的排名非常重要,在一个检索结果中,往往前面几页或者第一页的前几个搜索结果的点击率最高。搜索引擎优化的目的就是要通过对网站关键词、标题、网站结构的修改,使网站更符合搜索引擎的检索规则,使网站更容易被检索,排名更靠前。

(二)搜索引擎优化

搜索引擎优化(search engine optimization,SEO)是一种利用搜索引擎的搜索规则来提高网站在有关搜索引擎内的自然排名的方式。自然排名指的是除了百度竞价广告之后的排名。这种方式是对企业网站的优化,把网站做成搜索引擎认为的好网站。SEO的目的是:为网站提供生态式的自我营销解决方案,让网站在行业内占据领先地位,从而获得品牌收益。SEO包含站外SEO和站内SEO两方面。站外SEO是指为了从搜索引擎中获得更多的免费流量,从网站结构、内容建设方案、用户互动传播、页面等角度进行合理规划,使网站更适合搜索引擎的索引原则。站内SEO使网站更适合搜索引擎的索引原则,又被称为对搜索引擎优化。对搜索引擎优化不仅能够提高SEO的效果,还会使搜索引擎中显示的网站相关信息对用户来说更具有吸引力。

任务五　电子邮件营销

一、电子邮件营销的概念

电子邮件营销(E-mail direct marketing,EDM),又称 E-mail 营销,是在用户事先许可的前提下,通过电子邮件的方式向目标用户传递信息的一种网络营销手段。电子邮件营销有三个基本要素,即用户许可、电子邮件传递信息、信息对用户有价值,三个要素缺少一个,都不能称为有效的电子邮件营销。电子邮件营销是利用电子邮件与受众客户进行商业交流的一种直销方式,广泛应用于网络营销领域。电子邮件营销是网络营销方法中最早使用的一种。

二、电子邮件营销的分类

(一)按照是否经过用户许可分类

按照发送信息是否事先经过用户许可划分,可以将 E-mail 营销分为许可 E-mail 营销(permission E-mail marketing, PEM)和未经许可的 E-mail 营销(unsolicited commercial E-mail,UCE)。

(二)按照 E-mail 地址资源的所有权分类

潜在用户的 E-mail 地址是企业重要的营销资源。根据对用户 E-mail 地址资源的所有形式,可将 E-mail 营销分为内部列表 E-mail 营销和外部列表 E-mail 营销。

内部列表 E-mail 营销,即企业利用一定方式获得用户自愿注册的资料开展的 E-mail营销。如利用会员注册、试用体验等方式获得的用户 E-mail 地址,简称内部列表。内部列表 E-mail 营销的三项基本内容是:建立自己的邮件列表、获得尽可能多的用户加入列表、向用户发送有价值的信息。

外部列表 E-mail 营销,即利用专业服务商,或具有与专业服务商一样可以为其提供专业服务的机构提供的 E-mail 进行营销。可供选择的外部列表 E-mail 营销资源主要有免费电子邮箱提供商、专业邮件列表服务商、专业 E-mail 营销服务商、电子刊物和新闻邮件服务商、专业网站的注册会员资料等。这些服务商的 E-mail 营销形式各有特点,可根据具体需要选择。

三、电子邮件营销的步骤

首先,要让潜在顾客有兴趣并感觉到可以获得某些有价值的信息,从而加深印象,提高注意力,值得按照营销人员的期望,自愿加入许可的行列中去(就像第一次约会,为了给对方留下良好印象,可能花大量的时间来修饰自己的形象,否则可能就没有第二次机会了)。

第二,当潜在顾客投入注意力之后,应该利用潜在顾客的注意,比如可以为潜在顾客提供一套演示资料或者教程,让消费者充分了解公司的产品或服务。

第三,继续提供激励措施,以保证潜在顾客维持在许可名单中。

第四,为顾客提供更多的激励,从而获得更大范围的许可,例如给予会员更多的优惠,或者邀请会员参与活动,提供更加个性化的服务等。

第五,经过一段时间之后,营销人员可以利用获得的许可改变消费者的行为,也就是让潜在顾客说,"好的,我愿意购买你们的产品",只有这样,才可以将许可转化为利润。

当然,从顾客身上赚到第一笔钱之后,并不意味着许可营销的结束,相反,仅仅是将潜在顾客变为真正顾客的开始,如何将顾客变成忠诚顾客甚至终生顾客,仍然是营销人员工作的重要内容,许可营销将继续发挥其独到的作用。

四、电子邮件营销的模式

(一)独特的个性化内容

电子邮件营销与一般的营销方式最大的区别在于电子邮件营销是一对一的沟通,让你的用户感觉到受尊重,让他感觉到这是为他建立并且是他独享的沟通方式,当然,在各种条件的制约下,往往很难彻底实现一对一沟通。针对个性化的需求,营销者必须通过技术手段,让用户感觉这个电子邮件是专门为他发的,而不是群发的。这个要求是对电子邮件营销人员的挑战。

(二)引起用户关注的内容

什么是用户所关注的? 客户在收集支持他做决策所需信息的环节,同样也是营销者传播信息最重要的能实现销售的环节。把握用户关注的信息,对于营销者将潜在销售机会转化为实际销售成果具有关键性的作用。

比如,一个通信产品销售企业的营销人员,如果能够获悉某一个用户每天都在浏览几款手机的评测、报价信息，那么营销人员就可以做出一个最基本的判断，就是这个用户有购买这几款手机的意向。在这个判断基础上，营销者将该用户分类到相应的数据类别，通过数据库营销系统为该用户生成电子邮件内容，包括这几款手机详细的评测资料、评价资料、产品对比资料以及促销信息。用户看到了他正希望看到的信息，与你建立了一个循环型的互动关系，对于销售机会的转化有着十分重要的作用。

(三)掌握用户喜欢的内容

用户喜欢的内容对于吸引用户的注意力有着非常重要的作用，有时用户的喜好与企业的产品重叠度非常高，发现并利用用户喜好资料对企业的销售有着直接的作用。有时候用户的喜好和企业的产品重叠度相对比较低，但是通过用户喜好的内容吸引了用户的目光，之后再辅以相应的营销措施也是一个不错的选择。

比如，某品牌汽车制造商组织了一个车友会，它的目的在于与用户建立一种长期的、互动的关系，培养用户的忠诚度。该车友会每周都举办活动，通过长期的数据积累并结合用户的基本资料，打算准备一次汽车驾驶技巧挑战赛。驾驶技巧比赛对于那些喜欢驾驶的客户来讲是一件好事，将这些内容制作成电子邮件内容发送给喜好的客户，得到这些用户的热烈反馈，这次营销活动取得了圆满成功。

总之，个性化的、值得关注的、针对嗜好的内容都是用户友好的内容，在坚持用户友好的前提下传播企业信息是电子邮件营销实施中一个重要的原则，只有这样企业才能与客户建立长久、良性的互动关系，建立客户忠诚度，为企业创造永续的利润来源。

五、许可 E-mail 营销基础条件和基本原理

开展电子邮件营销需要解决三个基本问题：向哪些用户发送电子邮件？发送什么内容的电子邮件？如何发送这些邮件？这三个基本问题可以进一步归纳为电子邮件营销的三大基础。

(一)技术基础

从技术上保证用户加入、退出邮件列表，并实现对用户资料的管理，以及邮件发送和效果跟踪等功能。这解决的是"如何发送电子邮件"的问题。

(二)用户 E-mail 地址资源的获取

在用户自愿加入邮件列表的前提下，获得足够多的用户 E-mail 地址资源，是电子邮件营销发挥作用的必要条件。这解决的是"向谁发送电子邮件"的问题。

(三)邮件内容

有效的内容设计是电子邮件营销发挥作用的基本前提，企业可自行设计，也可借助专业的电子邮件营销服务提供商。在电子邮件内容设计上，要简化内容，突出主题，引起用户兴趣，尽量能够引起用户的一定的反应（如浏览网站、咨询、购买等行为）。这解决的

是"发送什么内容的电子邮件"的问题。

按照上述条件分析,真正的电子邮件营销,即许可 E-mail 营销的基本原理可以表述如下:企业利用拥有的 E-mail 地址资源,在基于用户许可的前提下,向用户发送含有一定商品和服务信息的电子邮件,并期望获得用户一定行为反应的营销过程。

任务六 微博营销

一、微博的营销价值

微博给网民尤其是手机网民提供了一个信息快速发布、传递的渠道。建立微博平台上的事件营销环境,能够快速被网民关注。这对于企业的公共关系维护、话题营销开展,起到如虎添翼的作用。

微博是实行品牌营销的有力武器。每一个微博后面,都是一个消费者,一个用户。越是只言片语,越是真实的用户体验。人聚集的地方就有营销机会,这就是微博的营销价值所在。

新浪微博介绍

新浪微博是一款为大众提供娱乐休闲生活服务的信息分享和交流平台。新浪微博于 2009 年 8 月 14 日开始内测,9 月 25 日,新浪微博正式添加了"@功能"以及私信功能,此外还提供"评论"和"转发"功能,供用户交流。

新浪微博采用了与新浪博客一样的推广策略,即邀请名人加入开设微型博客,并对他们进行实名认证,认证后的用户在用户名后会加上一个字母"V"(认证个人字母 V 为金黄色,认证企业字母 V 为深蓝色),以示与普通用户的区别,同时也可避免冒充名人微博的行为,但微博功能与普通用户是相同的。

二、微博营销常用策略

(一)内容营销

基于用户喜欢你的内容而达到值得一看、值得一读,如图片、视频等,真正与用户达到情感上的共鸣。

(二)意见领袖

网络无权威,但是有意见领袖,他们在娱乐、美食、体育等领域掌握着强大的话语权,时刻潜意识地影响着数以万计的围观群众,如果要让品牌传播得快,就要锁定重要的意见领袖,并引导意见领袖去讨论、传播品牌。

(三)活动营销

微博最善用免费、促销模式。免费的物品与促销活动,无疑对消费者有强大的诱惑力。而微博相对博客来说迷你又灵活,而且很大的一个特点是可以迅速蔓延。

(四)情感营销

品牌的塑造不仅包括产品,还有一个重要的方面就是企业本身。企业选择微博这种轻松的互动方式,调动消费者参与其中,深层次地走进用户内心,用情感链条树立起品牌的影响力。

三、企业微博营销基本流程

(一)微博平台建设

一个标准的企业微博应包含以下要素:

(1)Logo:即微博的标志,应与企业品牌与文化联系在一起,方便网民记忆。

(2)基本信息:包括企业微博的名称、地址、一句话介绍等。

(3)话题:即微博发布的内容,其基本要求为内容原创、把握热点、图文并茂等。

(4)更新标志:微博就像一本随时更新的电子杂志,要让大家养成观看习惯,也就是定时、定量、定向发布内容。当顾客登录微博后,能够想着看看你的微博有什么新动态,这无疑是最成功的境界,虽很难达到,但至少我们要做到经常出现在他们面前,久而久之便可成为他们生活中的一个习惯。

(5)粉丝群:拥有高质量的庞大粉丝群,这是微博营销成功的基础。

(6)微群:微群就是微博群的简称。能够聚合有相同爱好或者相同标签的朋友们,将所有与之相关的话题全部聚拢在微群里面。由于微群中话题更加集中,用户互动的频率也大大提高,因此信息传播性更强。

(7)活动策划:在微博上经常发布促销活动信息、免费信息,能有效吸引网民关注,从而增加粉丝数量。

(8)标签:微博标签是自定义描述网民职业、兴趣爱好的关键词,可让更多人找到你,让你找到更多同类。企业微博标签应包括公司主要的业务与热门话题。

(9)个性化模板:一个专业的企业微博,应专门设计适合企业产品与文化的模板,而不要用免费模板,这与品牌和商品的定位一样,在感性层面塑造个性,这样的微博具有很高的黏性,可以持续积累粉丝来专注。

(二)微博营销基本技巧

做微博营销首先要给自己的企业做一个系统的定位,塑造企业形象,并且需要组建一个专门的企业微博运营团队。其主要操作技巧如下。

1. 价值传递

企业微博经营者首先要改变观念——企业微博不是一个"索取"的工具,而是一个

"给予"的平台。现在微博数以亿计,只有那些能对浏览者创造价值的微博才有价值,此时企业微博才可能达到期望的商业目的。

企业要改变对价值的认识,并非只有物质奖励才是有价值的,比如,提供给目标顾客感兴趣的相关资讯、常识、窍门。也可以以自己的微博为媒介平台,链接众多目标客户,如俱乐部、同城会等,同时,将线上与线下打通,让微博有更多的功能与实际作用,这样才能构建出一个拥有高忠诚度与活跃度的企业微博。

2. 内容规划

在内容规划上,企业要学会换位思考,站在客户的角度来思考客户的需求,提供客户喜欢的信息。

(1)话题设定

①大众热点话题:在发布话题方面,企业可利用目前时尚热点话题,如热点人物、流行案例等,能有效吸引网民关注与共鸣。

②隐私性话题:一般人们对不为人知的事情都很感兴趣,那么适当加入一些隐私性话题也会增加微博黏性。当然,这里的隐私性话题不是个人私生活隐私,而是产品背后的故事、生产中不为人知的工艺、企业员工或领导者的敬业精神等,这些都会给粉丝带来新鲜感。

③营销性话题:要注意企业宣传信息不能超过微博信息的10%,最佳比例是3%~5%。更多的信息应该融入粉丝感兴趣的内容之中。

(2)内容表达

①悬念提问式内容:如果你的博文是提问性的,或是带有悬念的,引导粉丝思考与参与,那么浏览和回复的人自然就多,也容易给人留下印象;反之,如果仅仅是新闻稿一样的博文,那就算粉丝想参与也无从下手。

②轻松幽默式内容:微博用户都是以休闲的心态来使用微博的,因此,内容上尽量轻松幽默,给人很有趣的感觉,比如语言上尽量诙谐幽默,回复生动有趣,这样让粉丝本能地愿意去关注你的微博,对增加品牌的亲和力也很重要。总之,抓住人性的特点和交流的技巧,可以让你的微博更受欢迎。

③图文并茂式内容:微博虽然能写一百多字,但是枯燥的内容越少越好,10个字能说清楚的问题就不要拖长到11个字。同时,配以图片和视频也是化解枯燥乏味的好办法,人类本能地对视觉图像有兴趣,因此,每篇博文配上对应的图片或视频对提高博客质量很有帮助。

3. 坚持互动

微博的魅力在于互动,拥有一群不说话的粉丝是很危险的,因为他们慢慢会变成不看你内容的粉丝,最后更可能会离开。因此,互动性是使微博持续发展的关键。"活动+奖品+关注+评论+转发"是目前微博互动的主要方式,但实质上,更多的人是在关注奖品,对企业的实际宣传内容并不关心。相较赠送奖品,微博经营者认真回复留言,用心感受粉丝的思想,更能唤起粉丝的情感认同。这就像是朋友之间的交流一样,时间久了会产生一种微妙的情感连接,而非利益连接,这种联系持久而坚固。当然,适时结合一些利益作为回馈,粉丝会更加忠诚。

4. 模式创新

我们应该多参考借鉴微博营销的成功案例,而后结合企业自身特点与客观环境进行创新。

5. 举办活动

定期举办活动,如开展有奖活动、提供促销打折信息等,能够带来粉丝数的快速增长,并增加其忠诚度。

6. 持续更新

定时、大量地发布企业微博自然是最有利的,大量发布可以在一段时间内占据关注者的微博首页,至少不会被快速淹没,但是一定要保证博文质量,在质量和数量的选择上一定要质量为先。其中注意点如下:

(1)根据不同的时期设置不同的标签,永远让搜索结果处在第一页。

(2)有规律地进行更新,每天5～10条,一小时内不要连发两条。

(3)上班、午休、下午四点后、晚上8点,抓住这些高峰发帖时间。

(4)让你的内容有连载性,连载会显著提高粉丝的活跃度。

(三)微博推广方法

有了更新内容,就需要更好地对外推广,如果没有跟随者,那么再好的内容也无法得到有效的传播。企业微博的推广方式很多,这里总结了一些常用的技巧。

1. 开展有奖活动

免费奖品鼓励是一种常用的营销方式,也是一种推广手段,可以在短期内获得一定的用户。

2. 特价或打折信息

限时商品打折活动,也是一种有效的推广方法,例如销售主机或域名的企业微博,可以定时发布一些限时优惠码,能以低廉的折扣购买,可以带来不错的传播效果。

3. 广告宣传

在一些门户类网站、Google Adwords、百度推广等平台发布企业广告,可增加普通网民的关注度。

4. 企业内部宣传

一些大型企业本身就有不少员工,那么可以引导企业员工开通微博,并在上面交流信息,这样操作可以在短时间内增加企业微博的大量粉丝,当订阅用户增多之后,就有可能在微博平台的首页曝光(例如现在新浪微博有1800个订户就可以上首页的草根关注排行榜),以吸引更多的用户订阅跟随。

5. 合作宣传

联系微博平台的业务员,将企业微博的账号添加到"公司机构"等栏目,并通过实名身份认证。

6. 广送邀请

通过邮件或其他渠道,邀请企业自己的客户、潜在用户注册,注册链接是企业指定的,这样,别人注册之后会自动关注企业微博。

实训小任务

1. 查找最近一年微信统计报告

通过网络查找最新一年腾讯发布的微信统计报告,了解目前微信使用人群数量、用户行为特点等,写出自己感受最深的几点内容。

2. 微信公众号申请

每位同学申请一个微信公众号,具体流程可以参考腾讯客服的个人微信注册流程。

3. 查找 5 条最近一年最热的短视频

通过网络查找 5 条最近一年最热的短视频,了解短视频发布的平台,判断短视频的类型,写出短视频给自己留下感受最深的几点内容。

4. 短视频发布

每位同学申请一个短视频发布平台,拍一段短视频上传至发布平台。

5. 关注身边的营销案例,调查义乌本土的直播现状以及新的直播方式。

6. 开通直播账号,尝试做一回主播。

7. 搜索引擎广告认知

打开百度,输入"搬家""水杯"等关键词,查看搜索结果,区别哪些是广告,哪些是自然排名。

8. 查看某个搜索引擎自然排名靠前的网站

简答:搜索引擎认为的好网站应该有什么特点?

9. 登录 QQ 邮箱,进入 QQ 邮件订阅,订阅自己喜欢的内容,之后你会收到订阅邮件。

10. 分析两个义乌本地企业的微博,查看经营情况,如粉丝数量、微博内容、更新频率等,提出改进建议。

11. 自己建立微博,积攒 200 粉丝。